新时代·新农民·新财务：助力乡村全面振兴财务系列教材

农村集体经济组织会计实务

黄立伟　蒋海娟　主　编

李雪玉　程彩丽　王若瑜　钟伟凌　副主编

谢沛善　主　审

Nongcun Jiti Jingji
Zuzhi
Kuaiji Shiwu

东北财经大学出版社
Dongbei University of Finance & Economics Press

新时代·新农民·新财务：助力乡村全面振兴财务系列教材

农村集体经济组织会计实务

黄立伟　蒋海娟　主　编

李雪玉　程彩丽　王若瑜　钟伟凌　副主编

谢沛善　主　审

Nongcun Jiti Jingji

Zuzhi

Kuaiji Shiwu

东北财经大学出版社　大连
Dongbei University of Finance & Economics Press

图书在版编目（CIP）数据

农村集体经济组织会计实务 / 黄立伟，蒋海娟主编. —大连：东北财经大学出版社，2025.6.—（新时代·新农民·新财务：助力乡村全面振兴财务系列教材）. —ISBN 978-7-5654-5692-3

Ⅰ. F302.6

中国国家版本馆 CIP 数据核字第 20250N4SW2 号

农村集体经济组织会计实务

NONGCUN JITI JINGJI ZUZHI KUAIJI SHIWU

东北财经大学出版社出版

（大连市黑石礁尖山街217号　邮政编码　116025）

网　　址：http://www.dufep.cn

读者信箱：dufep@dufe.edu.cn

大连天骄彩色印刷有限公司印刷　　东北财经大学出版社发行

幅面尺寸：185mm×260mm　　字数：243千字　　印张：11.5

2025年6月第1版　　　　　　2025年6月第1次印刷

责任编辑：魏　巍　周　晗　　　　责任校对：赵　楠

封面设计：原　皓　　　　　　　　版式设计：原　皓

书号：ISBN 978-7-5654-5692-3　　定价：49.00元

前 言

在我国全面推进乡村振兴战略、深化农村集体产权制度改革的背景下，农村集体经济组织会计核算的规范化、科学化发展已成为推进新时代农业农村现代化的重要任务。党的二十大报告提出："全面推进乡村振兴。"《乡村全面振兴规划（2024—2027年）》指出："构建产权明晰、分配合理的运行机制，赋予农民更加充分的财产权益。规范农村集体经济组织及其运行管理、农村产权流转交易，加强农村集体资产监督管理，严控集体经营风险和债务规模。"农村集体经济组织会计工作既是维护集体资产安全、保障成员权益的基础，也是推动农村经济转型升级、促进共同富裕的关键。为适应新时代农村集体经济发展需求，培养具有专业素养和实践能力的新农村会计人才，我们编写了这本《农村集体经济组织会计实务》教材。

本书以习近平新时代中国特色社会主义思想为指导，认真贯彻落实习近平总书记关于"三农"工作的重要论述，立足《农村集体经济组织会计制度》（财会〔2023〕14号）和《农村集体经济组织财务制度》（财农〔2021〕121号），紧密对接乡村振兴战略对会计人才的能力要求，系统构建了"理论框架→实务操作→案例分析"三位一体的知识体系。全书共分为九个项目，项目一系统阐述农村集体经济组织会计基础理论；项目二至项目六聚焦日常经济业务处理，介绍筹集资金、采购、生产、销售、投资等核心业务流程的核算方法；项目七至项目九重点介绍特殊业务处理，涉及收益及收益分配核算、财产清查、财务报表编制等实务难点。

本书在编写过程中，着重体现以下特色：

1. 突出政策法规导向，筑牢规范根基

本书以《农村集体经济组织会计制度》《农村集体经济组织财务制度》《中华人民共和国农村土地承包法》《财政部 税务总局关于增值税小规模纳税人减免增值税政策的公告》等最新政策法规为指引，通过在各项目设置"政策点拨""政策依据""特别提示"等内容，帮助学习者精准把握政策内涵，筑牢规范根基，树立依法依规开展会计工作的制度意识，确保知识体系与政策法规同频更新。

2. 深度还原实务场景，锤炼专业技能

本书注重对接产业发展需求，构建"项目驱动→知识拆解→实操演练"的教学闭环。每个项目下都设计"学习目标""知识导图""项目导入""项目实施""项目测试""项目评价"等内容，同时通过"工作实例"将真实工作场景引入教材，使学习者有效掌握农村集体经济组织各类业务的账务处理、报表编制等核心技能，培养学习

者的职业综合素养和行动能力。

3.思政教育浸润始终，厚植职业担当

本书深入贯彻党的二十大精神，构建"专业教学+思政浸润"双螺旋育人模式。通过设置"育德润心"专栏，精选全国农村集体经济组织典型案例，提炼诚实守信、廉洁奉公、合作共赢、创新发展等"德育要素"，并进行"职业点拨"，培养学习者服务乡村振兴的职业使命感和遵纪守法、坚持准则、不做假账的会计职业道德，实现专业能力培养与价值观塑造同频共振。

4.配套丰富数字资源，拓展学习维度

本书配有丰富的数字资源，包括"知识精讲""政策点拨""知识拓展""项目测试"等，帮助学习者打造身临其境的学习环境。其中，"知识精讲"以微课形式拆解复杂知识点；"政策点拨"提供法规政策的动态解读；"知识拓展"链接农村集体经济组织会计相关理论和核算方法的难点；"项目测试"通过智能测评，实现学习效果即时反馈。同时，本书还配有丰富的教学资源，包括教案、教学大纲、教学课件等，支持混合式教学与个性化教学设计，全方位提升教学效能。

本书坚持教材建设与行业企业深度融合，组建由职业学校专家、企业专家组成的多元团队。广西金融职业技术学院黄立伟、广西安驰财务管理有限公司蒋海娟担任主编；广西银行学校李雪玉，广西金融职业技术学院程彩丽、王若瑜、钟伟凌担任副主编；财信众联会计服务（广西）有限公司龙凌参编。具体编写分工如下：程彩丽编写项目一、项目四；蒋海娟编写项目二、项目五；黄立伟编写项目三；龙凌编写项目六，并带领团队进行基层调研工作；李雪玉编写项目七；钟伟凌编写项目八和各项目习题；王若瑜编写项目九。全书由黄立伟和蒋海娟共同设计编写大纲，并总纂定稿。广西金融职业技术学院谢沛善对全书内容进行了审核。

本书既可作为高等职业院校现代农业经济管理、农村财务会计、新型职业农民培养等相关专业的教学用书，也可作为农村集体经济组织负责人、财会人员、基层农经干部的在职培训教材。

本书在编写过程中参考、引用了有关专家和学者的论著，在出版过程中得到了东北财经大学出版社的鼎力支持和专业指导，在此一并表示深深的谢意。尽管在教材的特色建设方面我们做了很多努力，也历经多次斟酌和修改，但书中不足之处在所难免，恳请各位专家、师生批评指正，以期在修订时不断完善。

乡村振兴，人才先行。期待本书能助力农业经济管理、财务会计专业毕业生投身乡村振兴建设，提升农村财务会计人员的专业素养和实际操作能力，从而为农村集体经济的发展提供有力的人才保障，为培养新型农村财会人才贡献绵薄之力。

编　者

2025年4月

目　录

数字资源目录

续表

项目一　农村集体经济组织会计工作认知

知识目标

1. 掌握农村集体经济组织会计核算的基本知识。
2. 熟悉农村集体经济组织会计要素的内容。
3. 掌握农村集体经济组织的会计科目及会计核算流程。
4. 熟悉农村集体经济组织会计机构及会计岗位设置。

技能目标

1. 能分析农村集体经济组织各会计要素之间的关系。
2. 能熟练使用农村集体经济组织会计科目进行会计核算。
3. 能根据农村集体经济组织会计核算流程，完成相应的会计核算工作。
4. 能根据农村集体经济组织会计机构配备相应的会计人员。

素养目标

1. 培养学生客观公正、严谨细致、不做假账的会计职业素养。
2. 培养学生廉洁自律、诚实守信、坚持准则的会计职业道德。
3. 培养学生的爱国情怀，以及自强不息、积极进取的精神。

【知识导图】

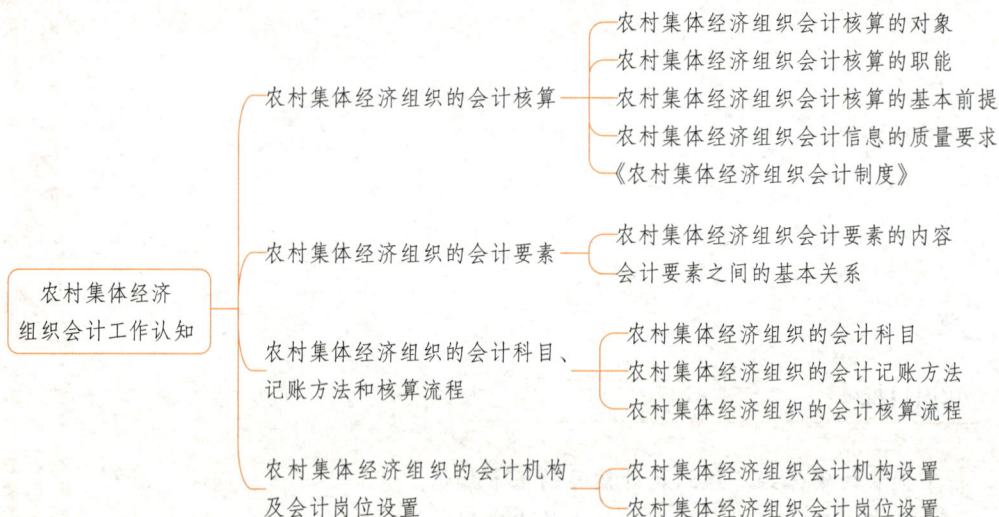

【项目导入】

2025年1月，某村经济合作社为规范财务管理，决定全面梳理会计核算体系。新任会计张梅需要系统学习农村集体经济组织会计制度，具体任务包括：

（1）会计核算基本知识：明确核算主体、会计期间、记账本位币等基本概念。

（2）会计要素确认：区分资产、负债、所有者权益、收入、费用、收益六大要素。

（3）会计科目设置：掌握"资本""内部往来""专项应付款"等特色科目使用规则。

（4）核算流程优化：从原始凭证到会计报表的全流程规范化操作。

（5）机构人员配置：根据《农村集体经济组织财务制度》设置会计岗位。

（6）档案管理升级：对2024年度会计凭证、账簿、报表进行电子化归档。

2025年1月发生以下经济业务：

（1）成员张强退回多分配的集体收益800元；

（2）收到财政局下发的补助资金50 000元；

（3）用公积公益金购置办公电脑2台，共计6 000元。

思考：该经济合作社的会计张梅应如何全面梳理会计核算体系？如何运用会计要素对上述业务进行分类？

知识精讲1-1

农村集体经济组织的会计核算

任务一　农村集体经济组织的会计核算

农村集体经济组织是以土地集体所有为基础，依法代表成员集体行使所有权，实行家庭承包经营为基础、统分结合双层经营体制的地区性经济组织。

一、农村集体经济组织会计核算的对象

农村集体经济组织会计核算的对象，是指在该组织会计工作中需要进行核算和监督的经济活动。其内容主要包括资金筹集活动、资产运营活动、收支管理及收益分配活动以及产权管理等。

特别提示1-1

农村集体经济组织会计核算的对象并不涵盖其所有的经济活动，而是针对那些能够以货币表现的经济活动。

二、农村集体经济组织会计核算的职能

农村集体经济组织会计核算的职能又称会计反映职能，是指会计人员按照一定的程序和方法，以货币为计量单位，对该组织的各项经济活动进行确认、计量和报告的过程。

特别提示1-2

农村集体经济组织会计核算的职能，是会计最基本和最重要的职能。

三、农村集体经济组织会计核算的基本前提

农村集体经济组织会计核算的基本前提即会计假设，是指为了保证该组织会计工作的正常进行和会计信息的质量，对会计核算的范围、内容、程序和方法所做的合理设定。

农村集体经济组织会计核算的基本前提包括以下五个方面：

（一）会计主体

农村集体经济组织的会计主体是指会计工作所服务的对象，包括乡镇级集体经济组织、村级集体经济组织、组级集体经济组织，以及依法代行农村集体经济组织职能的村民委员会、村民小组。

（二）持续经营

农村集体经济组织的持续经营是一种时间上的假定，是指该组织的经济活动在可以预见的未来不会因解散、清算等原因而不复存在，而是可以无限期地延续下去。

（三）会计分期

农村集体经济组织的会计分期是指把持续不断的生产经营过程划分为一定的会计期间。一般按公历确定会计年度、半年度、季度和月度。

（四）货币计量

农村集体经济组织的货币计量是指在会计核算过程中采用货币作为计量单位，记录、反映该组织的经营情况。

农村集体经济组织的会计核算应当以货币计量，以人民币为记账本位币，"元"为金额单位，"元"以下填至"分"。

（五）权责发生制

农村集体经济组织的权责发生制是以经济业务发生的权利和义务变动为记录标准。也就是说，无论是否已经收到或支付款项，都应当记录当期收入或费用，以真实、客观地反映会计主体经济活动的实际情况。

四、农村集体经济组织会计信息的质量要求

农村集体经济组织会计信息的质量要求，是指该组织会计信息要达到的质量标准，主要包括真实性、一贯性、及时性、谨慎性、可理解性等。

五、《农村集体经济组织会计制度》

为规范村集体经济组织会计工作，财政部于2004年发布了《村集体经济组织会计制度》（财会〔2004〕12号），并于2005年1月1日起施行。该会计制度适应了当时农村税费改革和推进基层民主管理等要求，对加强和规范村集体经济组织的会计工作发挥了积极作用。

近年来，随着我国"三农"工作的改革与发展，农村集体经济发展面临新形势，对农村集体经济组织的会计核算提出了新要求，财政部对《村集体经济组织会计制度》进行了修订，并于2023年9月5日印发了《农村集体经济组织会计制度》（财会〔2023〕14号），自2024年1月1日起施行。

政策点拨 1-1

《农村集体经济组织会计制度》

政策点拨 1-2

《农村集体经济组织新旧会计制度有关衔接问题的处理规定》

任务二　农村集体经济组织的会计要素

知识精讲 1-2

农村集体经济组织的会计要素

农村集体经济组织的会计要素是会计对象的具体化，是反映该组织会计主体的财务状况和经营成果的基本单位。

农村集体经济组织的会计要素包括资产、负债、所有者权益、收入、费用和收益。这六大会计要素又可以划分为反映财务状况的会计要素和反映经营成果的会计要素两大类。

特别提示 1-3

反映财务状况的会计要素包括资产、负债和所有者权益；反映经营成果的会计要素包括收入、费用和收益。

一、农村集体经济组织会计要素的内容

（一）资产

1. 概念

农村集体经济组织的资产也称农村集体资产，是指该组织过去的交易或者事项形成的、由其拥有或者控制的、预期会给该组织带来经济利益或者承担公益服务功能的资源。

2. 释义

资产可以理解为整个村集体成员共同拥有的"家底"，这些资产属于村集体共

有，大家共同受益。如用于经营的房屋、建筑物、工具、器具、生产设施、农田水利设施等农业农村基础设施，集体投资兴办的企业等所有权归全体村民的都属于资产。

3.分类

农村集体资产按照其流动性可分为流动资产和非流动资产。

（1）流动资产，是指在1年内（含1年）或超过1年的一个营业周期内变现、出售或耗用的资产，包括货币资金、短期投资、应收款项、存货、消耗性生物资产等。

（2）非流动资产，是指流动资产以外的资产，包括长期投资、生产性生物资产、固定资产、无形资产、公益性生物资产、长期待摊费用等。

（二）负债

1.概念

农村集体经济组织的负债，是指过去的交易或者事项形成的、预期会导致经济利益流出该组织的现时义务。

2.释义

农村集体经济组织的负债，可以理解为整个村集体成员共同承担的债务。这些债务不是某个人欠的，而是集体为了发展共同背负的。

3.分类

负债按照其流动性可分为流动负债和非流动负债。

（1）流动负债，是指偿还期在1年以内（含1年）或超过1年的一个营业周期内的债务，包括短期借款、应付款项、应付工资、应付劳务费、应交税费等。

（2）非流动负债，是指流动负债以外的负债，包括长期借款及应付款、一事一议资金、专项应付款等。

（三）所有者权益

农村集体经济组织的所有者权益，可以用如下公式表示：

农村集体经济组织的所有者权益=集体资产-集体负债

农村集体经济组织的所有者权益，可以理解为全村人共同的"家底净值"，即真正属于全体村民的财富。

（四）收入

1.概念

农村集体经济组织的收入，是指在日常经营活动中形成的、会导致所有者权益增加的、与成员投入资本无关的经济利益总流入。

2.释义

农村集体经济组织的收入，可以理解为集体通过各种方式赚到的、属于全体村民的钱。这些钱进了"集体钱包"，怎么花由大家共同决定。

3.内容

农村集体经济组织的收入包括经营收入、投资收益、补助收入、其他收入等。

（五）费用

1.概念

农村集体经济组织的费用，是指该组织在日常活动中发生的、会导致所有者权益减少的、与向成员分配无关的经济利益的总流出。

2.释义

农村集体经济组织的费用，可以理解为集体为了维持运转、发展经济或服务村民，必须产生的各种开销。这些钱从集体收入中支出，只有花得合理，才能让"家底"越来越厚。

3.内容

农村集体经济组织的费用包括经营支出、税金及附加、管理费用（含运转支出）、公益支出、其他支出等。

（六）收益

农村集体经济组织的收益，是指该组织在一定会计期间的经营成果，其内容包括经营收益、收益总额和净收益。

1.经营收益

经营收益=经营收入+投资收益+补助收入−经营支出−税金及附加−管理费用

2.收益总额

收益总额=经营收益+其他收入−公益支出−其他支出

3.净收益（亦称税后收益）

净收益=收益总额−所得税费用

二、会计要素之间的基本关系

1.资产=负债+所有者权益

这一等式即会计恒等式，表达了资产、负债和所有者权益三项会计要素之间的基本关系。

> **特别提示1-4**
> 这一等式是会计账户设置、复式记账和编制资产负债表的理论依据。

2.收入−费用=收益（亏损）

当收入大于费用时，表明获得了收益；当收入小于费用时，意味着发生了亏损，可以用"收入−费用=收益（亏损）"表示。

3.资产=负债+所有者权益+收入−费用

这一公式反映的是六大会计要素之间的内在关系。

任务三　农村集体经济组织的会计科目、记账方法和核算流程

知识精讲1-3

农村集体经济组织的会计科目、记账方法和核算流程

一、农村集体经济组织的会计科目

农村集体经济组织会计科目名称和核算内容见表1-1。农村集体经济组织不存在的交易或者事项，可不设置相关科目；在不违反《农村集体经济组织会计制度》中确认、计量和报告规定的前提下，可以根据自身实际情况自行增设必要的会计科目；可

以比照表1-1自行设置明细科目，进行明细核算。

表1-1 农村集体经济组织会计科目名称和核算内容

类别	会计科目	核算内容
资产类	库存现金	核算存放于农村集体经济组织、由出纳人员保管的货币资金的增减和结余
	银行存款	核算农村集体经济组织存入银行或其他金融机构的货币资金的增减和结余
	短期投资	核算农村集体经济组织购入的能够随时变现并且持有时间不准备超过1年（含1年）的股票、债券等有价证券等投资
	应收款	核算农村集体经济组织与非成员之间发生的各种应收及暂付款项
	内部往来	核算农村集体经济组织与其成员之间发生的各种应收、暂付及应付、暂收款项等经济往来业务
	库存物资	核算农村集体经济组织库存的各种原材料、农用材料、农产品、工业产成品、低值易耗品等物资
	消耗性生物资产	核算短期持有用于出售，或将来收获为农产品的生物资产，如大田作物、蔬菜、用材林以及待售的牲畜等
	生产性生物资产	核算为产出农产品、提供劳务或出租等目的而长期持有的生物资产，包括经济林、薪炭林、产役畜等
	生产性生物资产累计折旧	核算生产性生物资产的累计折旧，以便与其带来的经济利益流入相配比
	公益性生物资产	核算农村集体经济组织以防护、环境保护为主要目的的生物资产，包括防风固沙林、水土保持林和水源涵养林等
	长期投资	核算农村集体经济组织持有时间准备超过1年（不含1年）的投资，包括股权投资、债权投资等投资
	固定资产	核算农村集体经济组织固定资产的原值（成本），包括房屋、建筑物、机器、设备、工具、器具、生产设施和农业农村基础设施等
	累计折旧	核算农村集体经济组织计提的固定资产累计折旧
	在建工程	核算农村集体经济组织进行工程建设、设备安装、农业农村基础设施建造、固定资产改建等发生的实际支出
	固定资产清理	核算农村集体经济组织出售、捐赠、报废和毁损等转入清理的固定资产净值，以及清理中的费用与收入
	无形资产	核算农村集体经济组织持有的无形资产的成本，包括专利权、商标权、著作权、非专利技术、土地经营权、林权、草原权等
	累计摊销	核算农村集体经济组织对使用寿命有限的无形资产计提的累计摊销
	长期待摊费用	核算农村集体经济组织已经发生、不能全部计入当年损益，但应由本期和以后各期负担的分摊期限在1年以上的各项费用，包括已提足折旧的固定资产的改建支出和其他长期待摊费用
	待处理财产损溢	核算农村集体经济组织在财产清查过程中查明的各类资产盘盈盘亏情况，以及报经批准后的转销数额
负债类	短期借款	核算农村集体经济组织向银行等金融机构或相关单位、个人等借入的偿还期在1年以内（含1年）的各种借款
	应付款	核算农村集体经济组织与非成员之间发生的偿还期在1年以内（含1年）的各种应付及暂收款项
	应付工资	核算农村集体经济组织应付给职工的各种形式的报酬以及其他相关支出

续表

类别	会计科目	核算内容
负债类	应付劳务费	核算农村集体经济组织应支付给临时性工作人员的各种形式的报酬以及其他相关支出
	应交税费	核算农村集体经济组织按税法规定应缴纳的各种税费，如所得税、增值税、消费税、城市维护建设税、资源税等
	长期借款及应付款	核算农村集体经济组织向银行等金融机构或相关单位、个人等借入的期限在1年以上（不含1年）的借款及偿还期在1年以上（不含1年）的应付款项
	一事一议资金	核算农村集体经济组织兴办村民直接受益的集体生产生活等公益事业，按一事一议形式筹集的专项资金
	专项应付款	核算农村集体经济组织获得政府给予的具有专门用途且未来应支付用于专门用途的专项补助资金
所有者权益类	资本	核算农村集体经济组织按照章程等确定属于本集体经济组织成员集体所有的相关权益
	公积公益金	核算农村集体经济组织从收益中提取的、接受政府补助和他人捐赠等其他来源取得的公积公益金
	本年收益	核算农村集体经济组织本年度实现的收益或损失
	收益分配	核算农村集体经济组织当年收益的分配（或亏损的弥补）和历年分配（或弥补）后的结存余额
成本类	生产（劳务）成本	核算农村集体经济组织为生产产品或提供劳务而发生的各项支出
损益类（收入类）	经营收入	核算农村集体经济组织进行各项生产销售、提供劳务、让渡集体资产资源使用权等经营活动取得的收入
	投资收益	核算农村集体经济组织对外投资取得的收益或损失
	补助收入	核算农村集体经济组织获得的，政府给予的保障村级组织和村务运转的补助资金以及贷款贴息等经营性补助资金
	其他收入	核算农村集体经济组织取得的除经营收入、投资收益、补助收入以外的收入，如盘盈收益、存款利息收入等
损益类（费用类）	经营支出	核算农村集体经济组织因销售商品、提供劳务、让渡集体资产资源使用权等经营活动而发生的实际支出
	税金及附加	核算农村集体经济组织应负担的消费税、城市维护建设税、资源税、房产税、城镇土地使用税、车船税、印花税、教育费附加及地方教育附加等
	管理费用	核算农村集体经济组织管理活动发生的各项支出及保障村级组织和村务运转的各项支出
	公益支出	核算农村集体经济组织发生的用于本集体经济组织内部公益事业、集体福利或成员福利的各项支出，以及公益性固定资产折旧和修理费等
	其他支出	核算农村集体经济组织发生的除经营支出、税金及附加、管理费用、公益支出、所得税费用以外的支出
	所得税费用	核算农村集体经济组织根据所得税法规定应缴纳的所得税费用

二、农村集体经济组织的会计记账方法

农村集体经济组织会计记账方法采用借贷记账法，是以"借"和"贷"作为记账

符号，建立在"资产=负债+所有者权益"会计恒等式的基础上，以"有借必有贷，借贷必相等"为记账规则，反映会计要素增减变动情况的一种复式记账方法。

农村集体经济组织借贷记账法下账户的基本结构如图1-1所示。

借方	账户名称	贷方
资产增加		资产减少
费用增加		费用减少
负债减少		负债增加
所有者权益减少		所有者权益增加
收入减少		收入增加

图1-1　借贷记账法下账户的基本结构

特别提示1-5

账户的金额关系用公式表示如下：

期末余额=期初余额+本期增加发生额−本期减少发生额

三、农村集体经济组织的会计核算流程

农村集体经济组织会计核算流程，是指该组织有关账簿组织、记账程序和记账方法有机结合的形式和步骤。

会计核算流程包括设置账户、复式记账、填制和审核凭证、设置和登记账簿、成本计算、财产清查和编制财务报表七个步骤，如图1-2所示。

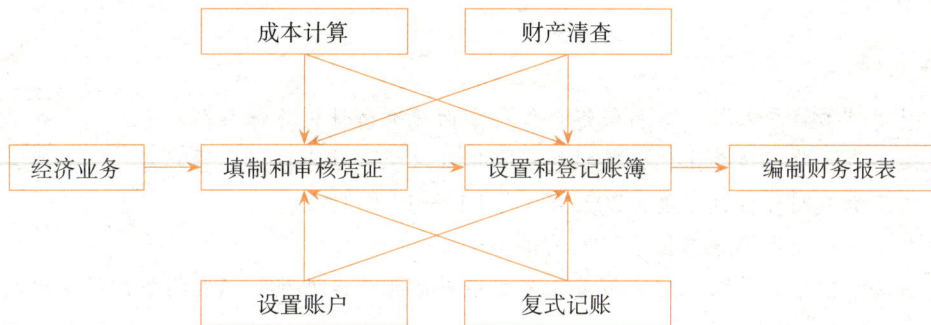

图1-2　会计核算流程

任务四　农村集体经济组织的会计机构及会计岗位设置

一、农村集体经济组织会计机构设置

农村集体经济组织应当根据会计业务的需要，设置会计机构，也可以按照规定委托代理记账。

（一）独立设置会计机构

对于资产规模较大、经济业务较多、财务收支工作量较大的农村集体经济组织，应当独立设置会计机构。

知识精讲1-4

农村集体经济组织的会计机构及会计岗位设置

（二）在有关机构中配备专职会计

对于不具备单独设置会计机构条件的农村集体经济组织，应当在有关部门中配备专职会计人员，做到专人核算、专人负责。

（三）实行会计委托代理记账

对于没有设置会计机构或者配备会计人员的农村集体经济组织，可以委托乡（镇）经营管理（服务）机构或代理记账机构代理记账。

二、农村集体经济组织会计岗位设置

农村集体经济组织会计岗位的设置，应符合以下三个方面要求：

（一）根据业务需要设置会计岗位

政策点拨1-3

《会计档案管理办法》

农村集体经济组织的会计岗位一般分为主管会计、专业会计、出纳等。如需要也可以增设工资核算、成本费用核算、财务成果核算、资金核算、往来结算、总账报表、稽核等具体岗位。

（二）不相容职务相分离

政策点拨1-4

《电子会计档案管理规范》

农村集体经济组织的会计工作岗位，可以一人一岗、一人多岗或者一岗多人。但是出纳人员不得兼管稽核、会计档案保管和收入、费用、债权债务账目的登记工作。

（三）会计工作岗位应定期轮换

农村集体经济组织会计人员的工作岗位应该定期进行轮换，从而达到控制和监督的作用。

项目实施

针对"项目导入"中某村经济合作社全面梳理会计核算体系：

第一步：确定核算主体，某村经济合作社（统一社会信用代码）。

第二步：明确会计年度，2025年1月1日—12月31日。

第三步：设定记账本位币，人民币。

第四步：单独设账，独立核算，采用借贷记账法，并执行《农村集体经济组织会计制度》。

第五步：按照标准化流程进行账务处理，原始凭证→记账凭证→登记账簿→期末结账→编制报表。

第六步：对关键环节进行控制，所有支出需附成员（代表）会议决议，银行对账单按月核对。

第七步：设置会计主管和出纳员岗位，并进行职责分工。会计主管负责审核凭证、编制报表，出纳员负责现金收付、银行对账。

第八步：规范档案管理，对以前年度会计档案进行整理并编制归档清单。

（1）年度记账凭证（×册）；

（2）总账/明细账（×本）；

（3）年度会计报表（资产负债表、收益及收益分配表）。

第九步：分析经济业务涉及的会计要素，见表1-2。

表1-2　　　　　　　　　　分析经济业务涉及的会计要素

经济业务	涉及会计要素
（1）退回收益	资产减少、收益减少
（2）收到政府补助	资产增加、收入增加
（3）购置电脑	资产一增一减

育德润心

集体茶厂财务改革：从"糊涂账"到"阳光账"的实践

2024年，红河县三村乡通过实施集体茶厂财务改革，成功实现了从"糊涂账"到"阳光账"的转变，为乡村振兴注入了新动力。

1.背景与挑战

红河县三村乡地处云南省红河哈尼族彝族自治州，拥有丰富的茶叶资源，但长期以来，村集体茶厂财务管理混乱、账目不清、资金使用不透明等问题严重制约了茶产业的发展和村集体经济的壮大。

2.改革措施

（1）建立现代财务管理制度：引入专业会计人员，制定完善的财务管理制度，包括财务核算、预算管理、资金管理等，确保每一笔资金的使用都有章可循。

（2）实施"党支部+公司+茶农"模式：在村党支部的领导下，成立红河县兴村经济开发有限责任公司，将茶农组织起来，以公司化模式运营茶厂。村集体以资金、土地等入股，茶农以劳动力、茶叶原料等入股，形成了利益共享、风险共担的机制。

（3）强化财务监督：成立财务监督小组，由村"两委"成员、村民代表等组成，对茶厂的财务收支进行全程监督，确保资金使用公开、透明、合规。

（4）推进财务信息化建设：利用现代信息技术，建立财务信息管理系统，实现财务数据的实时录入、查询和分析，提高了财务管理的效率和准确性。

3.成效与影响

（1）经济效益显著提升：通过规范财务管理，茶厂的运营效率大幅提高，茶叶产量和质量稳步提升，2024年茶厂实现利润120万元，村集体经济收入增加50万元。

（2）茶农收入增加：茶农不仅获得了稳定的茶叶销售收入，还通过入股分红增加了收入，人均年收入增长了20%。

（3）乡村治理水平提高：财务改革增强了村民对村集体的信任，激发了村民参与乡村治理的积极性，形成了共建共治共享的良好局面。

资料来源：佚名.红河谷先锋·促振兴|红河县三村乡："小茶叶"托起富民"大产业"［EB/OL］.［2024-12-01］. https://www.sohu.com/a/832128981_121123908.

德育要素：诚信公正　改革创新

职业点拨：会计人员应从三村乡集体茶厂财务改革中汲取经验，树立诚信公正的职业操守，将改革创新精神内化为职业本能。在实际工作中，会计人员要严格遵守财务制度，确保资金安全和使用效益；同时，要积极运用现代信息技术，提高财务管理的效率和水平，探索适合乡村发展的新路径，为乡村振兴和农村集体经济发展贡献力量。

项目测试1-1

在线答题

项目测试1-2

拓展练习

📝 项目测试

一、单选题

1.农村集体经济组织会计核算的对象是（　　）。

A.所有经济活动　　　　　　　　　　B.能以货币表现的经济活动

C.成员个人收支　　　　　　　　　　D.政府财政拨款

2.会计核算最基本的职能是（　　）。

A.会计反映职能　　　　　　　　　　B.审计监督职能

C.税务筹划职能　　　　　　　　　　D.投资决策职能

3.农村集体资产是指（　　）。

A.村民个人财产　　　　　　　　　　B.集体拥有或控制的资源

C.政府拨款资金　　　　　　　　　　D.银行贷款

4.农村集体经济组织会计记账采用的方法是（　　）。

A.单式记账法　　　B.借贷记账法　　　C.收付记账法　　　D.增减记账法

5.新修订的《农村集体经济组织会计制度》自（　　）起施行。

A.2023年9月25日　　　　　　　　　B.2023年12月31日

C.2024年1月1日　　　　　　　　　　D.2024年3月1日

二、多选题

1.农村集体经济组织会计核算的基本前提包括（　　）。

A.会计主体　　　　　　　B.持续经营　　　　　　　　C.会计分期

D.货币计量　　　　　　　E.权责发生制

2.农村集体经济组织会计主体包括（　　）。

A.乡镇级集体经济组织　　　　　　　B.村级集体经济组织

C.组级集体经济组织　　　　　　　　D.代行职能的村民委员会

E.个体农户

3.农村集体资产包括（　　）。

A.集体房屋建筑物　　　　　　　　　B.农田水利设施

C.村民个人存款　　　　　　　　　　D.集体投资兴办的企业

4.农村集体负债的特点包括（　　）。

A.是集体共同债务　　　　　　　　　B.会导致经济利益流出

C.是村民个人债务　　　　　　　　　D.是现时义务

5.农村集体经济组织会计机构的设置方式包括（　　）。

A.独立设置会计机构　　　　　　　　B.配备专职会计人员

C.由村委会委员兼任　　　　　　　　D.委托代理记账

三、判断题

1.农村集体经济组织会计核算职能又称为会计核算职能。　　　　　　　　　（　　）

2.持续经营假设意味着集体经济组织永远不会解散。 （　　　）

3.农村集体资产属于全体村民共同所有。 （　　　）

4.每个村集体经济组织必须设置全部会计科目。 （　　　）

5.小型集体经济组织可以不设会计机构。 （　　　）

项目评价

本项目评价见表1-3。

表1-3　　　　　　　　　　　项目评价表

项目名称		农村集体经济组织会计工作认知			
	评价要点	学生自评（50%）	教师评价（50%）	评分标准说明	
知识掌握（30分）	掌握农村集体经济组织会计核算的基本知识（10分）			• 优秀（9~10分）：全面掌握知识，技能熟练，素养突出，能独立解决复杂问题 • 良好（7~8分）：知识较扎实，技能达标，素养良好，需在部分领域提升 • 合格（5~6分）：基本达到要求，但存在知识漏洞或技能不足，需要有针对性改进 •待提高（5分以下）：核心知识/技能缺失，需要系统化补足基础	
	熟悉农村集体经济组织会计要素的内容，以及会计机构及会计岗位设置（10分）				
	掌握农村集体经济组织的会计科目及会计核算流程（10分）				
技能应用（40分）	能分析农村集体经济组织各会计要素之间的关系（10分）				
	能熟练使用农村集体经济组织会计科目进行会计核算（10分）				
	能根据农村集体经济组织会计核算流程，完成相应的会计核算工作（10分）				
	能根据农村集体经济组织会计机构配备相应的会计人员（10分）				
素质养成（30分）	具有客观公正、严谨细致、不做假账的会计职业素养（10分）				
	具有廉洁自律、诚实守信、坚持准则的会计职业道德（10分）				
	具有爱国情怀，以及自强不息、积极进取的精神（10分）				
综合评价成绩（100分）					
学生自评： 　　　　　　　　　　　　　　　　学生签字：					
教师评语： 　　　　　　　　　　　　　　　　教师签字：					

学习目标

知识目标

1.掌握库存现金、银行存款的管理要求。
2.熟悉农村集体经济组织资金的来源及相关概念。
3.理解专项应付款、公积公益金等特殊资金的使用规则与核算方法。

技能目标

1.能完成货币资金业务的账务处理。
2.能完成成员出资、政府补助收入等筹资业务的账务处理。
3.能规范操作借款业务的借入、计息及本息偿还流程。
4.能准确核算专项应付款、一事一议资金及公积公益金的增减变动。

素养目标

1.强化专款专用、廉洁自律的财务纪律意识，杜绝资金挪用。
2.培养严谨细致、诚信守法的职业操守，坚守会计职业道德。
3.树立服务集体经济发展的责任感，践行乡村振兴使命担当。

【知识导图】

筹集资金的核算
- 货币资金的核算
  - 库存现金及其核算
  - 银行存款及其核算
- 成员权益资本的核算
  - 认识资本
  - 资本的账务处理
- 政府补助收入的核算
  - 认识补助收入
  - 补助收入的账务处理
- 一事一议资金的核算
  - 认识一事一议资金
  - 一事一议资金筹集及收到的账务处理
  - 一事一议资金使用的账务处理
- 专项应付款的核算
  - 认识专项应付款
  - 专项应付款的账务处理
- 公积公益金的核算
  - 认识公积公益金
  - 公积公益金增加的账务处理
  - 公积公益金使用的账务处理
  - 公积公益金其他业务的账务处理
- 借入款项的核算
  - 短期借款及其核算
  - 长期借款及应付款及其核算

【项目导入】

2025年1月2日，某村经济合作社为推进"生态茶园建设"项目，计划通过多种渠道筹集资金：

（1）成员出资：根据章程，50户成员每户出资2 000元，共10万元现金。

（2）政府专项补助：申请到农业农村局"特色产业发展"专项补助资金20万元，已到账。

（3）一事一议筹资：经村民大会表决通过，按每人1 500元标准筹集村道硬化资金，预计筹集6万元。

（4）银行借款：向农商行借入一年期贷款15万元，用于购买茶树苗，月利率5‰。

相关原始凭证：

（1）成员出资清单及银行进账单。

（2）政府补助资金到账通知单及银行回单。

（3）一事一议筹资方案表决会议记录及收款收据。

（4）农商行借款合同及放款凭证。

思考：会计张梅应如何做出相关账务处理，完成成员出资、政府补助、一事一议筹资、借款业务的会计核算？

任务一　货币资金的核算

农村集体经济组织的货币资金是流动性最强的资产，主要包括库存现金和银行存款。

知识精讲2-1

货币资金的核算

一、库存现金及其核算

（一）认识库存现金

1.概念

农村集体经济组织的库存现金，是指存放于农村集体经济组织、由出纳人员保管的货币资金。

2.库存现金的管理

2024年12月，国务院发布了《国务院关于修改和废止部分行政法规的决定》，其中明确废止了《现金管理暂行条例》（1988年9月8日中华人民共和国国务院令第12号发布，根据2011年1月8日《国务院关于废止和修改部分行政法规的决定》修订），该决定自2025年1月20日起施行。

虽然《现金管理暂行条例》已经废止，但农村集体经济组织在现金收付、清分、存储、运输、销毁等业务活动上，仍然需要遵循其他相关法律法规和规章制度，如《中华人民共和国中国人民银行法》《中华人民共和国税收征收管理法》等，并接受有关部门的监督和管理。

3.账户和账簿设置

农村集体经济组织应设置资产类账户"库存现金"，并设置"库存现金日记账"，由出纳人员根据收、付款凭证逐日逐笔登记。

（二）库存现金的账务处理

农村集体经济组织库存现金收支业务的账务处理见表2-1。

表2-1　　　　　　　　　库存现金收支业务的账务处理

经济业务	账务处理
（1）收到现金时	借：库存现金 　　贷：银行存款/内部往来/应收款等
（2）支付现金时	借：银行存款/内部往来/应收款等 　　贷：库存现金

特别提示2-1

本书假设新村经济合作社月销售额超过10万元，且适用小规模纳税人和小微企业税收优惠条件。

【工作实例2-1】收到现金

2025年1月6日，新村经济合作社会计收到成员李某交来的欠款，现金500元。会计分录为：

借：库存现金	500
贷：内部往来——李某	500

【工作实例2-2】支付现金

2025年1月7日，新村经济合作社用现金购买打印纸200元。会计分录为：

借：管理费用	200
贷：库存现金	200

【工作实例2-3】员工出差借用现金

2025年1月10日，新村经济合作社财务科长王五出差，借用现金1 000元。会计分录为：

借：内部往来——王五	1 000
贷：库存现金	1 000

【工作实例2-4】报销差旅费

接【工作实例2-3】，2025年1月15日，王五出差返回，报销差旅费800元，交回剩余现金200元。会计分录为：

借：库存现金	200
管理费用——差旅费	800
贷：内部往来——王五	1 000

二、银行存款及其核算

（一）认识银行存款

1.概念

农村集体经济组织的银行存款，是指其存入银行或其他金融机构的货币资金。

2.账户及账簿设置

农村集体经济组织应设置资产类账户"银行存款"，并设置"银行存款日记账"，由出纳人员根据收、付款凭证逐日逐笔登记，并按月与银行对账单核对。在结算过程中产生的"外埠存款""银行汇票存款""银行本票存款""信用卡存款"等，均应纳入"银行存款"账户进行核算。

若账面余额与对账单存在差异，需编制"银行存款余额调节表"分析差额原因并进行调整，确保双方余额一致。

（二）银行存款的账务处理

农村集体经济组织银行存款业务的账务处理见表2-2。

表2-2　　　　　　　　　　　　　　银行存款业务的账务处理

经济业务	账务处理
（1）款项存入银行	借：银行存款 　　贷：库存现金/库存物资/经营收入/短期借款等
（2）提取和支出存款	借：库存现金/库存物资/经营支出/管理费用/应付工资等 　　贷：银行存款

【工作实例2-5】借入短期借款

2025年1月13日，新村经济合作社因生产经营需要向某银行借入一笔借款50 000元，期限6个月，款项已存银行。会计分录为：

借：银行存款　　　　　　　　　　　　　　　　　　　　　50 000
　　贷：短期借款　　　　　　　　　　　　　　　　　　　　　50 000

【工作实例2-6】收到上级财政转来项目专项款

2025年1月15日，新村经济合作社进行美丽乡村建设，收到上级财政转来项目专项款20 000元。会计分录为：

借：银行存款　　　　　　　　　　　　　　　　　　　　　20 000
　　贷：专项应付款——美丽乡村建设　　　　　　　　　　　　20 000

【工作实例2-7】用专项资金购买健身器械

2025年1月20日，新村经济合作社使用美丽乡村建设专项资金，购置村广场公益设施健身器械，已转账支付16 950元，取得增值税发票，健身器械已验收入库。会计分录为：

借：固定资产——健身器械　　　　　　　　　　　　　　　16 950
　　贷：银行存款　　　　　　　　　　　　　　　　　　　　　16 950

同时，结转专项应付款：

借：专项应付款——美丽乡村建设　　　　　　　　　　　　16 950
　　贷：公积公益金　　　　　　　　　　　　　　　　　　　　16 950

任务二　成员权益资本的核算

一、认识资本

1.概念

农村集体经济组织的资本，是指农村集体经济组织依据章程等制度规定，归属于全体成员集体所有的权益总和。

知识精讲2-2

成员权益资本
的核算

特别提示2-2

　　农村集体经济组织资金的来源主要有资本、政府补助收入、一事一议资金、专项应付款、公积公益金和借入款项等。

2.账户及账簿设置

农村集体经济组织应设置所有者权益类账户"资本"，用于核算集体所有的权益增减及结存情况。该账户的贷方余额，反映集体经济组织实际拥有的资本总额。

二、资本的账务处理

农村集体经济组织资本业务的账务处理见表2-3。

表2-3　　　　　　　　　　　　资本业务的账务处理

经济业务	账务处理
确认或新增集体资本时	借：库存现金/银行存款/固定资产/无形资产等 　　贷：资本

【工作实例2-8】成员集体出资（现金方式）

2025年1月10日，为了进一步扩大生产经营规模，新村经济合作社按章程规定，接受200户成员缴纳的集体发展基金，每户200元，共计40 000元现金。款项当日存入开户银行，会计分录为：

借：库存现金　　　　　　　　　　　　　　　　　　　　　　40 000
　　贷：资本——成员投入　　　　　　　　　　　　　　　　　　40 000
借：银行存款　　　　　　　　　　　　　　　　　　　　　　40 000
　　贷：库存现金　　　　　　　　　　　　　　　　　　　　　40 000

【工作实例2-9】成员投入收割机

2025年1月14日，新村经济合作社收到成员李四投入收割机一台，双方确认的价值为25 000元，会计分录为：

借：固定资产——收割机　　　　　　　　　　　　　　　　　25 000
　　贷：资本——李四　　　　　　　　　　　　　　　　　　　25 000

任务三　政府补助收入的核算

知识精讲2-3

政府补助收入
的核算

一、认识补助收入

1.概念

农村集体经济组织的补助收入，是指其获得的政府给予保障村级组织和村务运转的补助资金以及贷款贴息等经营性补助资金。

2.账户及账簿设置

农村集体经济组织应设置损益类账户"补助收入"，核算其获得的各项政府补助资金，并且应按照补助收入的种类设置明细科目，进行明细核算。

二、补助收入的账务处理

农村集体经济组织补助收入业务的账务处理见表2-4。

表2-4　　　　　　　　　　　　　　补助收入业务的账务处理

经济业务	账务处理
（1）收到补助收入	借：银行存款 　贷：补助收入
（2）期末结转补助收入	借：补助收入 　贷：本年收益

【工作实例2-10】收到补助资金

2025年1月3日，新村经济合作社收到财政局下发的补助资金50 000元，用于保障村务运转。会计分录为：

借：银行存款　　　　　　　　　　　　　　　　　　　　　50 000

　贷：补助收入——村务运转保障资金　　　　　　　　　　　　50 000

【工作实例2-11】收到贷款贴息补助

2025年1月10日，新村经济合作社向银行借入一笔经营性贷款，贷款年利息10 000元。根据当地财政扶持集体经济发展政策，按照年利息的50%享受政府经营性补助，款项5 000元，以银行存款收讫。会计分录为：

借：银行存款　　　　　　　　　　　　　　　　　　　　　5 000

　贷：补助收入——贷款贴息　　　　　　　　　　　　　　　　5 000

【工作实例2-12】结转补助收入

2025年1月31日，新村经济合作社补助收入账户余额25 000元，结转本年收益。会计分录为：

借：补助收入　　　　　　　　　　　　　　　　　　　　　25 000

　贷：本年收益　　　　　　　　　　　　　　　　　　　　　　25 000

任务四　一事一议资金的核算

一、认识一事一议资金

1.概念

农村集体经济组织的一事一议资金，是指农村集体经济组织兴办村民直接受益的集体生产生活等公益事业，按一事一议形式筹集的专项资金。

2.账户及账簿设置

农村集体经济组织应设置负债类账户"一事一议资金"，按照所议项目设置明细科目，进行明细核算。同时，必须另设备查账簿对一事一议资金的筹集和使用情况进行登记。

二、一事一议资金筹集及收到的账务处理

农村集体经济组织一事一议资金筹集及收到业务的账务处理见表2-5。

知识精讲2-4

一事一议资金的核算

政策点拨2-2

《村民一事一议筹资筹劳管理办法》

表2-5　　　　　　　　一事一议资金筹集及收到业务的账务处理

经济业务	账务处理
（1）通过筹集资金方案	借：内部往来 　　贷：一事一议资金
（2）收到筹集资金	借：库存现金/银行存款 　　贷：内部往来

【工作实例2-13】筹集及收取"改造村内文化广场"一事一议资金

2025年2月18日，新村经济合作社计划对村内文化广场进行升级改造，经村民大会讨论通过"一事一议"筹资方案，决定按每人200元标准向村民筹集资金，共计40 000元。2月26日，款项已全部收齐并存入银行。会计分录为：

（1）筹资方案通过时：

借：内部往来——各成员　　　　　　　　　　　　　　　　40 000

　　贷：一事一议资金——改造村内文化广场　　　　　　　　　　40 000

（2）款项全部收齐并存入银行时：

借：银行存款　　　　　　　　　　　　　　　　　　　　　40 000

　　贷：内部往来——各成员　　　　　　　　　　　　　　　　40 000

三、一事一议资金使用的账务处理

农村集体经济组织一事一议资金使用业务的账务处理见表2-6。

表2-6　　　　　　　　一事一议资金使用业务的账务处理

经济业务	账务处理
（1）购入不需要安装的固定资产	借：固定资产 　　贷：库存现金/银行存款 借：一事一议资金 　　贷：公积公益金
（2）购入需要安装或建造的固定资产	借：在建工程 　　贷：库存现金/银行存款 借：固定资产 　　贷：在建工程 借：一事一议资金 　　贷：公积公益金
（3）使用且未形成固定资产项目	借：在建工程 　　贷：库存现金/银行存款 借：公益支出/其他支出 　　贷：在建工程 借：一事一议资金 　　贷：公积公益金

【工作实例2-14】使用一事一议资金购入固定资产

接【工作实例2-13】，2025年3月3日，新村经济合作社使用已筹集的改造村内文化广场一事一议资金购入不需要安装的景观雕塑，金额5 000元；购买需要安装的儿童游乐设施，设备购置和安装费用共10 000元。会计分录为：

（1）购入不需要安装的景观雕塑时：

①支付购置款。

借：固定资产——景观雕塑   5 000

 贷：银行存款   5 000

②结转一事一议资金。

借：一事一议资金——改造村内文化广场   5 000

 贷：公积公益金——一事一议资金转入   5 000

（2）购入需要安装的儿童游乐设施时：

①支付设备购置费及安装费。

借：在建工程——儿童游乐设施   10 000

 贷：银行存款   10 000

②结转固定资产。

借：固定资产——儿童游乐设施   10 000

 贷：在建工程——儿童游乐设施   10 000

③结转一事一议资金。

借：一事一议资金——改造村内文化广场   10 000

 贷：公积公益金——一事一议资金转入   10 000

【工作实例2-15】使用一事一议资金进行未形成固定资产的绿化工程

接【工作实例2-13】，2025年3月6日，新村经济合作社使用一事一议资金对村内文化广场周边进行绿化工程，包括种植花草、铺设草坪等。用银行存款支付绿化工程材料及人工费用10 000元。该项目完成后不形成固定资产，属于公益性质支出。会计分录为：

（1）支付绿化工程费用时：

借：在建工程——绿化工程   10 000

 贷：银行存款   10 000

（2）结转支出至公益支出时：

借：公益支出——文化广场   10 000

 贷：在建工程——绿化工程   10 000

（3）结转一事一议资金时：

借：一事一议资金——改造村内文化广场   10 000

 贷：公积公益金——一事一议资金转入   10 000

任务五 专项应付款的核算

知识精讲2-5

专项应付款的核算

一、认识专项应付款

1.概念

农村集体经济组织的专项应付款，是指组织获得政府给予的具有专门用途且未来应支付用于专门用途的专项补助资金。

2.账户及账簿设置

农村集体经济组织应设置负债类账户"专项应付款"，按照政府补助资金项目设置明细科目，进行明细核算。

二、专项应付款的账务处理

农村集体经济组织专项应付款业务的账务处理见表2-7。

表2-7　　　　　　　　专项应付款业务的账务处理

经济业务		账务处理
（1）收到政府补助的资金时		借：库存现金/银行存款等 　　贷：专项应付款
（2）按照项目用途使用政府补助资金时	①取得生物资产、固定资产、无形资产等非货币性资产	借：消耗性生物资产/生产性生物资产/固定资产/无形资产/在建工程 　　贷：库存现金/银行存款等 同时： 借：专项应付款 　　贷：公积公益金
	②未形成非货币性资产	报经批准后： 借：专项应付款 　　贷：在建工程等
（3）取得非货币性资产后，收到对应用途政府补助资金		借：库存现金/银行存款等 　　贷：专项应付款 同时： 借：专项应付款 　　贷：公积公益金
（4）有结余等情况而退回政府补助资金时		借：专项应付款 　　贷：库存现金/银行存款等

【工作实例2-16】收到政府专项补助资金

2025年3月6日，新村经济合作社收到一笔来自镇政府的用于农村饮水安全巩固提升项目的专项补助资金，金额为150 000元，款项已存入银行。会计分录为：

借：银行存款 150 000

　　贷：专项应付款——饮水安全巩固提升项目 150 000

【工作实例2-17】使用政府补助资金购置固定资产

接【工作实例2-16】，2025年3月14日，新村经济合作社用饮水安全巩固提升项目的专项补助资金购置了一批水管更新设备，价格为130 000元，设备已安装完毕投入使用，款项通过银行存款支付。会计分录为：

借：固定资产——水管更新设备 130 000

　　贷：银行存款 130 000

同时，将专项应付款转至公积公益金：

借：专项应付款——饮水安全巩固提升项目 130 000

　　贷：公积公益金——政府补助 130 000

【工作实例2-18】退回结余专项资金

接【工作实例2-16】和【工作实例2-17】，2025年3月25日，新村经济合作社在完成饮水安全巩固提升项目后，对专项补助资金进行了清算，发现结余资金20 000元，经批准将结余资金退回镇政府。会计分录为：

借：专项应付款——饮水安全巩固提升项目 20 000

　　贷：银行存款 20 000

【工作实例2-19】使用补助资金购买荔枝树苗（生产性生物资产）

2025年3月10日，新村经济合作社收到"果园种植"专项补助资金50 000元。购买荔枝树苗（生产性生物资产），支付树苗款50 000元。会计分录为：

（1）收到补助资金时：

借：银行存款 50 000

　　贷：专项应付款——果园种植 50 000

（2）购买树苗并核销资金时：

①支付树苗款。

借：生产性生物资产——荔枝树苗 50 000

　　贷：银行存款 50 000

②核销专项应付款。

借：专项应付款——果园种植 50 000

　　贷：公积公益金——政府补助 50 000

【工作实例2-20】使用补助资金进行未形成固定资产的公共维修

2025年3月14日，新村经济合作社收到"村内道路维护"专项补助20 000元，用于修补破损路面（未形成固定资产）。经批准核销实际支付的工程款18 000元，余款2 000元作退回处理。会计分录为：

（1）收到补助资金时：

借：银行存款　　　　　　　　　　　　　　　　　　　　　　20 000
　　贷：专项应付款——村内道路维护　　　　　　　　　　　　　　　20 000

（2）支付维修费用时：

借：在建工程——道路维修　　　　　　　　　　　　　　　　18 000
　　贷：银行存款　　　　　　　　　　　　　　　　　　　　　　　18 000

（3）修补破损路面不形成固定资产，经批准核销时：

借：专项应付款——村内道路维护　　　　　　　　　　　　　18 000
　　贷：在建工程——道路维修　　　　　　　　　　　　　　　　　18 000

（4）退回结余资金时：

借：专项应付款——村内道路维护　　　　　　　　　　　　　　2 000
　　贷：银行存款　　　　　　　　　　　　　　　　　　　　　　　 2 000

【工作实例2-21】取得无形资产后收到对应补助资金

2025年3月12日，新村经济合作社自行开发"数字乡村管理平台"（无形资产）成功后投入使用，总成本200 000元。3月25日，收到政府拨付"数字乡村平台建设"专项补助150 000元。会计分录为：

（1）收到财政补助资金时：

借：银行存款　　　　　　　　　　　　　　　　　　　　　150 000
　　贷：专项应付款——数字乡村平台建设　　　　　　　　　　　　150 000

（2）按照实际使用资金结转专项应付款时：

借：专项应付款——数字乡村平台建设　　　　　　　　　　150 000
　　贷：公积公益金——专项应付款转入　　　　　　　　　　　　　150 000

任务六　公积公益金的核算

一、认识公积公益金

1.概念

农村集体经济组织的公积公益金，是指组织从收益中提取的，接受政府补助和他人捐赠（计入补助收入的资金除外）等其他来源取得的用于公益事业的基金。

2.账户及账簿设置

农村集体经济组织应设置所有者权益类账户"公积公益金"，并按照来源设置明细科目，进行明细核算。

二、公积公益金增加的账务处理

农村集体经济组织公积公益金增加业务的账务处理见表2-8。

知识精讲2-6

公积公益金
的核算

表2-8 公积公益金增加业务的账务处理

经济业务		账务处理
（1）从收益中提取		借：收益分配——各项分配 　　贷：公积公益金——收益中提取
（2）收到他人捐赠或政府补助	①收到他人捐赠货币资金	借：库存现金/银行存款 　　贷：公积公益金——接受捐赠
	②收到他人捐赠或政府补助的非货币性资产	借：库存物资/消耗性生物资产/生产性生物资产/公益性生物资产/固定资产/无形资产 　　贷：公积公益金（凭据金额） （说明：若无凭据，则按照资产评估价值或者比照同类或类似资产的市场价格+相关税费入账）
	③收到他人捐赠或政府补助的非货币性资产，无法采用上述方法计价的，以名义金额人民币1元入账（需要设置备查簿进行登记和管理）	借：库存物资/消耗性生物资产/生产性生物资产/公益性生物资产/固定资产/无形资产　　　　　　1 　　贷：公积公益金　　　　　　　　　　　　1 如有需要支付的费用，则： 借：其他支出 　　贷：库存现金/银行存款/应付款/应交税费
（3）使用政府补助资金取得非货币资产形成公积公益金 （实务案例参见【工作实例2-17】【工作实例2-21】）	①收到专项政府补助资金后取得对应的非货币资产	借：消耗性生物资产/生产性生物资产/固定资产/无形资产/在建工程 　　贷：库存现金/银行存款等 同时： 借：专项应付款 　　贷：公积公益金
	②取得非货币性资产后收到对应用途的政府补助资金	借：库存现金/银行存款等 　　贷：专项应付款 借：专项应付款 　　贷：公积公益金
（4）使用一事一议资金形成公积公益金 （实务案例参见【工作实例2-14】【工作实例2-15】）	①购入不需要安装的固定资产	借：固定资产 　　贷：库存现金/银行存款 借：一事一议资金 　　贷：公积公益金
	②购入需要安装或建造的固定资产	借：在建工程 　　贷：库存现金/银行存款 借：固定资产 　　贷：在建工程 借：一事一议资金 　　贷：公积公益金

续表

经济业务		账务处理
（4）使用一事一议资金形成公积公益金（实务案例参见【工作实例2-14】【工作实例2-15】）	③使用且未形成固定资产项目	借：在建工程 　　贷：库存现金/银行存款 借：公益支出/其他支出 　　贷：在建工程 借：一事一议资金 　　贷：公积公益金
（5）收到土地补偿费		借：银行存款 　　贷：公积公益金——征地补偿费
（6）以非货币性资产对外投资形成公积公益金		借：长期投资 　　生产性生物资产累计折旧/累计摊销等（已提折旧额） 　　公积公益金　　　　　　　　　　　　　　（差额） 　　贷：消耗性生物资产/生产性生物资产/固定资产/ 　　无形资产等　　　　　　　　　　　　　（原价） 　　应交税费　　　　　　　　　　　　　（相关税费）

【工作实例2-22】从收益中提取公积公益金

2025年3月31日，新村经济合作社根据成员代表大会决议，提取公积公益金100 000元。会计分录为：

借：收益分配——各项分配（提取公积公益金）　　　　　100 000
　　贷：公积公益金——收益中提取　　　　　　　　　　　　100 000

【工作实例2-23】接受非货币性资产捐赠（拖拉机）

2025年3月10日，新村经济合作社收到某单位捐赠的一台拖拉机，参照市场同类资产价值，评估作价80 000元。拖拉机运达村里产生运费及卸车费共1 500元，以现金支付。会计分录为：

借：固定资产——拖拉机　　　　　　　　　　　　　　　81 500
　　贷：公积公益金——捐赠　　　　　　　　　　　　　　　80 000
　　　　库存现金　　　　　　　　　　　　　　　　　　　　1 500

【工作实例2-24】收到征地补偿费

2025年3月20日，新村经济合作社因集体土地被政府征用，收到征地补偿费100 000元，款项已存入银行账户。会计分录为：

借：银行存款　　　　　　　　　　　　　　　　　　　100 000
　　贷：公积公益金——征地补偿费　　　　　　　　　　　100 000

三、公积公益金使用的账务处理

农村集体经济组织按国家有关规定，按规定程序批准后，用公积公益金弥补亏损等业务的账务处理见表2-9。

表2-9　　　　　　　　用公积公益金弥补亏损等业务的账务处理

经济业务	账务处理
用公积公益金弥补亏损	借：公积公益金 　贷：收益分配——未分配收益

【工作实例2-25】用公积公益金弥补亏损

2025年3月31日，新村经济合作社经成员大会批准，决定使用公积公益金20 000元弥补上年度的亏损。会计分录为：

借：公积公益金　　　　　　　　　　　　　　　　　　　　20 000
　贷：收益分配——未分配收益　　　　　　　　　　　　　　　　20 000

四、公积公益金其他业务的账务处理

农村集体经济组织以非货币性资产对外投资形成公积公益金业务的账务处理见表2-10。

表2-10　　　　　以非货币性资产对外投资形成公积公益金业务的账务处理

经济业务	账务处理
以非货币性资产对外投资形成公积公益金	借：长期投资　　　　　　　　　　　　　　（协议价+相关税费） 　　生产性生物资产累计折旧/累计折旧/累计摊销等　（已提折旧额） 　　公积公益金　　　　　　　　　　　　　　　　　（差额） 　贷：消耗性生物资产/生产性生物资产/固定资产/无形资产等　（原价） 　　应交税费　　　　　　　　　　　　　　　　　（相关税费）

【工作实例2-26】以无形资产对外投资

2025年3月20日，新村经济合作社以一项无形资产向乙公司投资。该无形资产原价为80 000元，已累计摊销20 000元，双方协商作价65 000元。会计分录为：

（1）若不考虑税费：

公积公益金=65 000+20 000-80 000=5 000（元）

借：长期投资——乙公司投资　　　　　　　　　　　　　　65 000
　　累计摊销　　　　　　　　　　　　　　　　　　　　　20 000
　　贷：无形资产　　　　　　　　　　　　　　　　　　　　　80 000
　　　　公积公益金　　　　　　　　　　　　　　　　　　　　 5 000

（2）若新村经济合作社是小规模纳税人：

无形资产账面价值=80 000-20 000=60 000（元）

应交增值税=65 000÷（1+1%）×1%=643.56（元）

非货币性资产投资利得=65 000-60 000-643.56=4 356.44（元）

借：长期投资——股权投资（农民专业合作社）　　　　　　65 000
　　累计摊销　　　　　　　　　　　　　　　　　　　　　20 000
　　贷：无形资产　　　　　　　　　　　　　　　　　　　　　80 000
　　　　应交税费——应交增值税　　　　　　　　　　　　　　 643.56
　　　　公积公益金——非货币性资产投资利得　　　　　　　 4 356.44

> **政策依据2-1**
>
> 《财政部 税务总局关于增值税小规模纳税人减免增值税政策的公告》（财政部 税务总局公告2023年第19号）规定：增值税小规模纳税人适用3%征收率的应税 销售收入，减按1%征收率征收增值税。

任务七　借入款项的核算

一、短期借款及其核算

（一）认识短期借款

1.概念

农村集体经济组织的短期借款，是指其向银行等金融机构或相关单位、个人等借入的偿还期在1年以内（含1年）的各类借款。

2.账户及账簿设置

农村集体经济组织应设置负债类账户"短期借款"，按照借款单位或个人设置明细科目，用于核算其实际发生的各种短期借款。

知识精讲2-7

借入款项的核算

（二）短期借款的账务处理

农村集体经济组织短期借款业务的账务处理见表2-11。

表2-11　　　　　　　　　　短期借款业务的账务处理

经济业务	账务处理
（1）借入短期借款	借：银行存款 　　贷：短期借款
（2）按期计提利息	借：其他支出 　　贷：应付款
（3）支付利息	借：应付款 　　贷：银行存款
（4）偿还借款	借：短期借款 　　贷：银行存款

【工作实例2-27】借入短期借款并偿还

2025年1月3日，新村经济合作社为购置新型农机设备，向农商行申请取得为期3个月的贷款80 000元，合同约定到期一次性还本付息，月利率为4‰。会计分录为：

（1）借入短期借款时：

借：银行存款——农商行　　　　　　　　　　　　　　　　　　　　80 000
　　贷：短期借款——农商行　　　　　　　　　　　　　　　　　　　　80 000

（2）1、2月末计提利息时：

利息=80 000×4‰=320（元）

借：其他支出——利息支出　　　　　　　　　　　　　　　　　　　320

　　贷：应付款——应付利息（农商行）　　　　　　　　　　　　　　320

（3）2025年3月末偿还借款及支付利息时：

借：短期借款——农商行　　　　　　　　　　　　　　　80 000

　　应付款——应付利息（农商行）　　　640（1、2月末已计提利息）

　　其他支出——利息支出　　　　　　　320（3月利息）

　　贷：银行存款　　　　　　　　　　　　　　　　　　　　　80 960

二、长期借款及应付款及其核算

（一）认识长期借款及应付款

1.概念

农村集体经济组织的长期借款及应付款，是指该组织向银行等金融机构或相关单位、个人等借入的期限在1年以上（不含1年）的借款及偿还期在1年以上（不含1年）的应付款项。

2.账户及账簿设置

农村集体经济组织应设置负债类账户"长期借款及应付款"，并按照借款及应付款单位或个人设置明细账进行核算。

（二）长期借款及应付款的账务处理

农村集体经济组织长期借款及应付款业务的账务处理见表2-12。

表2-12　　　　　　　　　长期借款及应付款业务的账务处理

经济业务	账务处理
（1）发生时	借：银行存款 　　贷：长期借款及应付款
（2）偿还时	借：长期借款及应付款 　　贷：银行存款
（3）计提利息时	借：其他支出——利息支出 　　贷：应付款等
（4）无法偿还或获得债务豁免时	借：长期借款及应付款 　　贷：其他收入

【工作实例2-28】向银行借入长期借款（分年付息、到期还本）

2024年12月31日，新村经济合作社为修建村内灌溉系统，向当地商业银行借款100 000元，借款期限3年，年利率6%，按年支付利息，到期一次性偿还本金。款项已存入银行。会计分录为：

（1）借款发生时：

借：银行存款　　　　　　　　　　　　　　　　　　　　100 000

　　贷：长期借款及应付款——某商业银行　　　　　　　　　　100 000

（2）每月末计提利息：

利息=100 000×6%÷12=500（元）

借：其他支出——利息支出 500

　　贷：应付款——应付利息 500

（3）每年年末支付利息：

前11个月已计提利息=500×11=5 500（元）

借：其他支出——利息支出 500（第12月利息）

　　应付款——应付利息 5 500（前11个月已计提利息）

　　贷：银行存款 6 000

（4）2027年12月31日，偿还借款本息时：

借：其他支出——利息支出 500（2027年12月利息）

　　应付款——应付利息 5 500（2027年1—11月已计提利息）

　　长期借款及应付款——某商业银行 100 000（本金）

　　贷：银行存款 106 000

【工作实例2-29】向企业借入设备款（分期还款）

2025年3月3日，新村经济合作社与新绿环保设备公司签订合同，购入一套环保污水处理设备，价款为120 000元，分3年平均偿还，设备安装调试费用为2 000元，均取得增值税发票，款项以银行存款支付。会计分录为：

（1）购入设备确认长期应付款时：

借：在建工程——环保污水处理设备 120 000

　　贷：长期借款及应付款——新绿环保设备公司 120 000

（2）支付安装费时：

借：在建工程——环保污水处理设备 2 000

　　贷：银行存款 2 000

（3）安装完毕验收交付使用时：

借：固定资产——环保污水处理设备 122 000

　　贷：在建工程——环保污水处理设备 122 000

（4）每年偿还长期应付款时：

借：长期借款及应付款——新绿环保设备公司 40 000

　　贷：银行存款 40 000

【工作实例2-30】核销无法支付的工程材料款

2025年1月15日，新村经济合作社在核实长期借款及应付款时，发现应付红光建筑材料公司35 000元一直挂账。经核查，该材料公司因经营不善已于2023年8月注销登记。经批准，对该笔应付款项予以核销。会计分录为：

借：长期借款及应付款——红光建筑材料公司 35 000

　　贷：其他收入——无法偿付款项 35 000

项目实施

针对"项目导入"中的经济业务，相关账务处理程序如下：

第一步：成员出资核算。

（1）业务流程：

① 成员按章程缴纳出资款，出纳收齐现金后存入银行。

② 会计根据出资清单和银行进账单入账。

（2）会计分录为：

①收到现金出资：

借：库存现金　　　　　　　　　　　　　　　　　　　100 000
　　贷：资本——成员投入　　　　　　　　　　　　　　　　　100 000

②存入银行：

借：银行存款　　　　　　　　　　　　　　　　　　　100 000
　　贷：库存现金　　　　　　　　　　　　　　　　　　　100 000

第二步：政府专项补助收入核算。

（1）业务流程：确认补助资金到账，按用途记入"专项应付款"账户。

（2）会计分录为：

借：银行存款　　　　　　　　　　　　　　　　　　　200 000
　　贷：专项应付款——特色产业发展　　　　　　　　　　　　200 000

第三步：一事一议资金筹集。

（1）业务流程：

① 村民大会通过筹资方案，会计挂账"内部往来"。

② 实际收款后冲减内部往来并转入"一事一议资金"。

（2）会计分录为：

①方案通过时：

借：内部往来——各成员　　　　　　　　　　　　　　　60 000
　　贷：一事一议资金——村道硬化　　　　　　　　　　　　　60 000

②收到筹资款并存入银行：

借：银行存款　　　　　　　　　　　　　　　　　　　60 000
　　贷：内部往来——各成员　　　　　　　　　　　　　　　60 000

第四步：银行借款核算。

（1）业务流程：

① 签订借款合同，确认贷款到账。

② 按月计提利息费用。

（2）会计分录为：

①借入短期借款：

借：银行存款　　　　　　　　　　　　　　　　　　　150 000
　　贷：短期借款——农商行　　　　　　　　　　　　　　　150 000

②月末计提利息：

利息=150 000×5‰=750（元）

借：其他支出——利息支出 750

贷：应付款——应付利息（农商行） 750

育德润心

浙江长兴顾渚村：规范资金管理 激活乡村振兴新动能

2023年，浙江长兴县顾渚村凭借规范的资金管理和多元筹资模式，实现集体经济收入突破2 000万元，成为全国乡村治理示范村。

该村通过"四议两公开"民主程序，以"一事一议"形式筹集资金150万元，配套政府专项补助200万元，完成8 000米旅游道路改造，带动民宿入住率提升至82%。同时，创新"农房折价入股"模式，吸纳128户村民闲置房屋转化为560万元成员权益资本，打造特色民宿集群。村集体还精准使用300万元省级旅游补助建设数字化服务平台，并通过短期借款50万元高效完成淡季设备维护，实现资金周转零风险。

在资金监管上，顾渚村严格执行专款专用、分账核算制度，35笔专项补助全程公开透明，近年实现财务零违规。公积公益金反哺民生，累计投入85万元建成老年食堂、儿童书屋等设施，惠及全村90%以上人口。

资料来源：根据相关资料编写。

德育要素：廉洁奉公 民主监督

职业点拨：会计人员应以顾渚村为范本，严守专款专用底线，强化资金规范操作，用透明账本守护集体资产，以专业操守激活乡村经济的内生动力。

项目测试

项目测试2-1

在线答题

项目测试2-2

拓展练习

一、单选题

1.农村集体经济组织的库存现金是指（ ）。

A.存放于银行的货币资金

B.存放于农村集体经济组织、由出纳人员保管的货币资金

C.存放于村委会的货币资金

D.存放于农户家中的货币资金

2.农村集体经济组织在结算过程中产生的"银行汇票存款"应记入（ ）账户进行核算。

A."应收账款" B."银行存款" C."库存现金" D."固定资产"

3.农村集体经济组织的一事一议资金是指（ ）。

A.政府给予的专项补助资金

B.按一事一议形式筹集的用于集体生产生活等公益事业的专项资金

C.村级企业上缴的利润

D.村民自愿捐赠的资金

4.农村集体经济组织的公积公益金是指（　　）。

A.村民自愿捐赠的资金

B.从收益中提取的、接受政府补助和他人捐赠等其他来源取得的用于公益事业的基金

C.村级企业上缴的利润

D.村级土地出租收入

5.农村集体经济组织的短期借款是指（　　）。

A.向银行等金融机构或相关单位、个人借入的偿还期在1年以内（含1年）的各类借款

B.向村民筹集的资金

C.村级企业上缴的利润

D.政府给予的专项补助资金

二、多选题

1.农村集体经济组织应设置的账户和账簿包括（　　）。

A."库存现金"账户　　　　　　　　B.库存现金日记账

C."银行存款"账户　　　　　　　　D."应收账款"账户

2.农村集体经济组织的补助收入包括（　　）。

A.政府给予的保障村级组织和村务运转的补助资金

B.贷款贴息等经营性补助资金

C.村民自愿捐赠的资金

D.村级企业上缴的利润

3.关于一事一议资金的账务处理，以下说法正确的是（　　）。

A.筹集资金方案通过时，借记"内部往来"，贷记"一事一议资金"

B.收到筹集资金时，借记"库存现金/银行存款"，贷记"内部往来"

C.筹集资金方案通过时，借记"一事一议资金"，贷记"内部往来"

D.收到筹集资金时，借记"内部往来"，贷记"库存现金/银行存款"

4.关于专项应付款的核算，以下说法正确的是（　　）。

A.专项应付款是政府给予的具有专门用途的资金

B.专项应付款应按照政府补助资金项目设置明细科目

C.专项应付款可以用于村民个人消费

D.专项应付款应设置"专项应付款"账户进行核算

5.农村集体经济组织在核算短期借款时，可能涉及的账户有（　　）。

A.短期借款　　　　B.银行存款　　　　C.应付款　　　　D.其他支出

三、判断题

1.农村集体经济组织的库存现金是指存放于银行、由出纳人员保管的货币资金。
（　　）

2.农村集体经济组织的银行存款仅包括存入银行的货币资金，不包括其他金融机构的货币资金。
（　　）

3.若农村集体经济组织的账面余额与银行对账单存在差异，应直接调整账面余额以确保双方余额一致。　　　　　　　　　　　　　　　　　　　　　　（　　）

4.农村集体经济组织的补助收入仅包括政府给予的保障村级组织和村务运转的补助资金。　　　　　　　　　　　　　　　　　　　　　　　　　　　　　　（　　）

5.农村集体经济组织应设置"公积公益金"账户，并按照公积公益金的来源设置明细科目，进行明细核算。　　　　　　　　　　　　　　　　　　　　　　　（　　）

四、业务题

1.2025年2月11日，某村经济合作社收到财政局下发的补助资金30 000元，用于保障村务运转；2月26日，合作社为了进一步扩大生产经营规模，按章程规定接受300户成员缴纳的集体发展基金，每户200元，共计60 000元现金。收到的现金已于当日存入开户银行。

要求：请根据以上内容做相应的账务处理。

2.2025年3月5日，某村经济合作社收到一笔来自镇政府的用于农村饮水安全巩固提升项目的专项补助资金，金额为100 000元，款项已存入银行。3月14日，合作社使用饮水安全巩固提升项目的专项补助资金，购置了一批用水设备用于设备更换，价格为90 000元，设备已安装完毕投入使用，款项通过银行存款支付。3月27日，合作社在完成饮水安全巩固提升项目后，对专项补助资金进行了清算，发现结余资金10 000元，经批准将结余资金退回镇政府。

要求：请根据以上内容做相应的账务处理。

项目评价

本项目评价见表2-13。

表2-13　　　　　　　　　　　　　项目评价表

项目名称		筹集资金的核算		
	评价要点	学生自评（50%）	教师评价（50%）	评分标准说明
知识掌握（30分）	掌握货币资金的管理要求（10分）			• 优秀（9~10分）：全面掌握知识，技能熟练，素养突出，能独立解决复杂问题
	熟悉农村集体经济组织资金的来源及相关概念（10分）			• 良好（7~8分）：知识较扎实，技能达标，素养良好，需在部分领域提升
	掌握专项应付款、公积公益金等特殊资金的使用规则与核算方法（10分）			• 合格（5~6分）：基本达到要求，但存在知识漏洞或技能不足，需要有针对性改进
技能应用（40分）	能完成货币资金业务的账务处理（10分）			• 待提高（5分以下）：核心知识/技能缺失，需要系统化补足基础
	能完成成员出资、政府补助收入等筹资业务的账务处理（10分）			

续表

	评价要点	学生自评（50%）	教师评价（50%）	评分标准说明
技能应用（40分）	能规范操作借款业务的借入、计息及本息偿还流程（10分）			• 优秀（9~10分）：全面掌握知识，技能熟练，素养突出，能独立解决复杂问题 • 良好（7~8分）：知识较扎实，技能达标，素养良好，需在部分领域提升 • 合格（5~6分）：基本达到要求，但存在知识漏洞或技能不足，需要有针对性改进 • 待提高（5分以下）：核心知识/技能缺失，需要系统化补足基础
	能准确核算专项应付款、一事一议资金及公积公益金的增减变动（10分）			
素质养成（30分）	具有专款专用、廉洁自律的意识（10分）			
	具有严谨细致、诚信守法的职业操守（10分）			
	具有服务集体经济发展的责任感，能与团队协作完成任务（10分）			
综合评价成绩（100分）				

学生自评：

学生签字：

教师评语：

教师签字：

采购过程的核算

项目三

知识目标

1. 掌握存货、生物资产、固定资产、无形资产的内容和计价原则。
2. 掌握采购过程中增值税的处理原则。
3. 理解生物资产、固定资产、无形资产等的核算规则与账务处理逻辑。

技能目标

1. 能规范完成取得存货、生物资产业务的账务处理。
2. 能规范完成取得固定资产、无形资产业务的账务处理。
3. 能规范完成新增在建工程业务的账务处理。

素养目标

1. 强化专款专用意识，恪守廉洁自律的财务纪律底线。
2. 培养精益求精的职业态度，筑牢诚信守法的职业道德根基。
3. 厚植服务乡村振兴的家国情怀，践行集体经济发展的时代使命。

【知识导图】

```
                          ┌─ 认识存货
          ┌─ 取得存货的核算 ─┤
          │                └─ 取得存货的账务处理
          │                ┌─ 认识生物资产
          │                ├─ 取得消耗性生物资产的核算
          ├─ 取得生物资产的核算 ─┤
          │                ├─ 取得生产性生物资产的核算
          │                └─ 取得公益性生物资产的核算
采购过程的核算 ─┤                ┌─ 认识固定资产
          ├─ 取得固定资产的核算 ─┤
          │                └─ 取得固定资产的账务处理
          │                ┌─ 认识在建工程
          ├─ 新增在建工程的核算 ─┤
          │                └─ 新增在建工程的账务处理
          │                ┌─ 认识无形资产
          └─ 取得无形资产的核算 ─┤
                           └─ 取得无形资产的账务处理
```

【项目导入】

2025年3月，某村经济合作社发生以下采购业务：

（1）购入化肥10吨，单价3 200元/吨，运输费2 000元，均以现金支付；

（2）引进苹果树苗300株，单价80元/株，计划收获苹果后对外销售；

（3）收到镇政府捐赠的农产品检测设备1套，发票金额为15 000元，通过银行存款支付安装费1 000元；

（4）启动村文化广场建设，预付工程款600 000元（占总项目款的60%）；

思考：会计张梅应如何做出相关账务处理，完成存货采购、生物资产购置、接受捐赠、工程建设业务的会计核算？

任务一　取得存货的核算

知识精讲3-1

取得存货的核算

一、认识存货

1.概念

农村集体经济组织的存货是指在日常生产经营过程中持有以备出售，或者仍然处在生产过程中将要消耗，或者在生产或提供劳务的过程中将要耗用的各种原材料或物料。

2.内容

存货包括种子、化肥、燃料、农药、原材料、机械零配件、低值易耗品、在产品、农产品（生产收获的粮食、蔬菜等）、工业产成品（如加工后的各种干货、罐头）等。

3.计价原则

存货应当按其取得时的实际成本入账，主要包括购买价款、相关税费、运输费、装卸费、合理损耗及其他直接费用。

4.账户及账簿设置

取得存货的核算主要设置资产类账户"库存物资"，并按照物资具体品名设置明细科目，进行明细核算。

特别提示3-1

采购过程中增值税的处理原则如下：

（1）一般纳税人采购产品用于非免税项目，取得增值税专用发票，进项税额可以抵扣，单独列入"应交税费——应交增值税"，不计入采购成本。

（2）小规模纳税人不允许抵扣增值税进项税额，进项税额直接计入采购成本。

（3）采购取得普通发票，全额计入采购成本。

知识拓展3-1

农产品如何
抵扣进项税

二、取得存货的账务处理

农村集体经济组织取得存货业务的账务处理见表3-1。

表3-1　　　　　　　　　取得存货业务的账务处理

经济业务	账务处理
（1）购入、接受捐赠或政府补助的物资验收入库	借：库存物资 　贷：应收款/应付款/银行存款/公积公益金等
（2）期末，已收到发票账单但尚未入库	借：库存物资 　贷：应收款/应付款/公积公益金等
（3）农产品收获、生产完工的工业产成品入库	借：库存物资 　贷：消耗性生物资产/生产（劳务）成本等

【工作实例3-1】用银行存款购买沙子

2025年3月10日，新村经济合作社用银行存款购买沙子10吨，准备用于修建村内道路，价税合计1 300元，已入库。会计分录为：

借：库存物资——沙子　　　　　　　　　　　　　　　　　　　1 300
　贷：银行存款　　　　　　　　　　　　　　　　　　　　　　　　1 300

特别提示3-2

小规模纳税人以含税价计入采购成本。

【工作实例3-2】收到捐赠的化肥

2025年3月12日，新村经济合作社收到某物资公司捐赠的化肥一批，该批化肥的价值为10 000元，经验收无误后办理入库。会计分录为：

借：库存物资——化肥 10 000
　　贷：公积公益金 10 000

【工作实例3-3】结转白菜种植成本

2025年3月20日，新村经济合作社收获种植的白菜30 000千克，结转种植过程中实际发生种子、化肥等成本费用共计13 000元。会计分录为：

借：库存物资——白菜 13 000
　　贷：消耗性生物资产——白菜 13 000

任务二　取得生物资产的核算

知识精讲3-2

取得生物资产
的核算

一、认识生物资产

1.概念

农村集体经济组织的生物资产，是指在生产活动中以获取生物产品或同类生物资产为目的，而被持有或自然产生的有生命的（活的）动植物。简单地说，生物资产就是与农业生产相关的动物或植物。

2.分类

生物资产按用途可分为消耗性生物资产、生产性生物资产和公益性生物资产。

3.计价原则

生物资产的初始成本包括购买价款，应支付的相关税费（如资源税），运输费，收获、郁闭或出售前耗用的种子、肥料、农药、饲料等材料费，人工费，其他直接费用和分摊的间接费用等。

二、取得消耗性生物资产的核算

（一）认识消耗性生物资产

农村集体经济组织的消耗性生物资产，是指为出售而持有的，或者将来收获为农产品的生物资产。

特别提示3-3

消耗性生物资产是劳动对象，包括生长中的大田作物、蔬菜、用材林以及存栏待售的牲畜、鱼虾贝类等。其特点是短期持有用于出售（如肉猪、蔬菜）。

（二）账户及账簿设置

农村集体经济组织应设置资产类账户"消耗性生物资产"，并按照消耗性生物资产的种类、群别等设置明细科目，进行明细核算。

（三）取得消耗性生物资产的账务处理

取得消耗性生物资产业务的账务处理见表3-2。

表3-2 取得消耗性生物资产业务的账务处理

经济业务	账务处理
（1）购入	借：消耗性生物资产 　　贷：库存现金/银行存款/应付款等
（2）自繁自育（自行栽培的作物、蔬菜；自行营造的林木；自行繁殖的育肥畜、水产养殖的鱼虾贝类等）	借：消耗性生物资产　　　　　　　　　　（收获前的必要支出） 　　贷：库存现金/银行存款/库存物资/应付工资/应付劳务费等
（3）转群（产畜或役畜淘汰转为育肥畜）	借：消耗性生物资产　　　　　　　　　　　　　　　（差额） 　　　生产性生物资产累计折旧　　　　　　　　　　（已提折旧） 　　贷：生产性生物资产　　　　　　　　　　　　　（账面价值）
（4）政府补助或捐赠	①有相关凭据、评估价或有同类或类似资产的市场价格： 借：消耗性生物资产　　　　　（凭证金额+相关税费+运输费） 　　贷：公积公益金等 ②以名义金额入账： 借：消耗性生物资产　　　　　　　　　　　　　　　　　1 　　贷：公积公益金　　　　　　　　　　　　　　　　　　1 如有需要支付的费用，则： 借：其他支出　　　　　　　　　　　　　　（运输费+相关税费） 　　贷：库存现金/银行存款/应付款/应交税费
（5）盘盈	①审批前： 借：消耗性生物资产　　　　　　　　　（同类市场价或评估价） 　　贷：待处理财产损溢 ②审批后： 借：待处理财产损溢 　　贷：其他收入

【工作实例3-4】购入消耗性生物资产

2025年3月10日，新村经济合作社用银行存款购入价值15 000元沃柑树苗进行栽培，成材后对外出售。会计分录为：

借：消耗性生物资产——沃柑树苗　　　　　　　　　　　　　　15 000
　　贷：银行存款　　　　　　　　　　　　　　　　　　　　　　　　15 000

【工作实例3-5】自行种植四季豆

2025年3月17日，新村经济合作社种植四季豆20亩，用银行存款购买四季豆种子2 000元，取得增值税发票；应支付合作社种植人员工资15 000元，应支付临时工劳务费12 000元。会计分录为：

借：消耗性生物资产——四季豆　　　　　　　　　　　　　　　29 000
　　贷：银行存款　　　　　　　　　　　　　　　　　　　　　　　2 000
　　　　应付工资　　　　　　　　　　　　　　　　　　　　　　15 000
　　　　应付劳务费　　　　　　　　　　　　　　　　　　　　　12 000

特别提示3-4

应支付临时工劳务费通过"应付劳务费"科目核算。

【工作实例3-6】自行养殖草鱼

2025年3月14日，新村经济合作社养殖的草鱼总共耗用养殖用饲料1 000千克，单位成本为10元/千克，用现金支付合作社养殖人员工资12 000元。会计分录为：

（1）确认消耗性生物资产价值：

消耗草鱼饲料价值=1 000×10=10 000（元）

借：消耗性生物资产——草鱼　　　　　　　　　　　　　　22 000
　　贷：库存物资——草鱼饲料　　　　　　　　　　　　　　　　10 000
　　　　应付工资　　　　　　　　　　　　　　　　　　　　　　12 000

（2）支付人员工资时：

借：应付工资　　　　　　　　　　　　　　　　　　　　　12 000
　　贷：库存现金　　　　　　　　　　　　　　　　　　　　　　12 000

【工作实例3-7】转群的消耗性生物资产（种牛转为育肥牛）

2025年3月14日，新村经济合作社将自行繁殖的2头种牛转为育肥牛，该批种牛的账面原值28 000元，已计提累计折旧10 000元。会计分录为：

借：消耗性生物资产——育肥牛　　　　　　　　　　　　　18 000
　　生产性生物资产累计折旧——种牛　　　　　　　　　　　10 000
　　贷：生产性生物资产——种牛　　　　　　　　　　　　　　　28 000

【工作实例3-8】收到政府部门捐赠的草鱼苗

2025年3月18日，新村经济合作社收到县农业农村局捐赠的草鱼苗一批，并用现金支付运输费500元，县农业农村局未能提供相关票据，市场上同类品种草鱼苗的市场价格为4 500元。会计分录为：

借：消耗性生物资产——草鱼苗　　　　　　　　　　　　　5 000
　　贷：公积公益金——政府捐赠　　　　　　　　　　　　　　　4 500
　　　　库存现金　　　　　　　　　　　　　　　　　　　　　　500

【工作实例3-9】盘盈消耗性生物资产

2025年3月10日，新村经济合作社盘点时发现多出10千克的草鱼，同类草鱼的市场价格为15元/千克。会计分录为：

（1）盘盈消耗性生物资产时：

盘盈草鱼价值=15×10=150（元）

借：消耗性生物资产——草鱼　　　　　　　　　　　　　　150
　　贷：待处理财产损溢——待处理流动资产损溢　　　　　　　　150

（2）审批后：

借：待处理财产损溢——待处理流动资产损溢　　　　　　　150
　　贷：其他收入——消耗性生物资产盘盈收入　　　　　　　　　150

三、取得生产性生物资产的核算

（一）认识生产性生物资产

农村集体经济组织的生产性生物资产，是指为产出农产品、提供劳务或出租等目的而持有的生物资产，包括经济林、薪炭林、产役畜等。

> **特别提示3-5**
>
> 生产性生物资产具备自我生长性，为长期持有用于生产，主要包括：
>
> （1）经济林：以生产水果、食用油料、工业原料和药材为主要目的的林木，如果树、橡胶树等。
>
> （2）薪炭林：以提供柴炭燃料为主要经营项目的乔木林和灌木林。
>
> （3）产畜：以畜类的生产为主要经济收入的畜类，如奶牛、种猪、种牛、种母鸡等。
>
> （4）役畜：用于耕作、驮运、骑乘等的牲畜，如马、牛、骡、驴、骆驼等。

（二）账户及账簿设置

农村集体经济组织应设置资产类账户"生产性生物资产"，按照生产性生物资产的种类、群别、所属部门等设置明细科目，进行明细核算。

（三）取得生产性生物资产的账务处理

取得生产性生物资产业务的账务处理见表3-3。

表3-3　　　　　　　　　取得生产性生物资产业务的账务处理

经济业务	账务处理
（1）购入	借：生产性生物资产　　　　　　　　（取得时的实际成本） 　　贷：库存现金/银行存款/应付款等
（2）自行营造的林木类生产性生物资产、自行繁殖产畜和役畜	借：生产性生物资产　　（达到预定生产经营目的前的必要支出） 　　贷：库存现金/银行存款/库存物资/应付工资/应付劳务费等
（3）幼畜成龄转为产畜或役畜、育肥畜转为产畜或役畜	借：生产性生物资产　　　　　　　　　　（账面余额） 　　贷：消耗性生物资产　　　　　　　　　（账面余额）
（4）收到政府补助或者他人捐赠	①有相关凭据、评估价或有同类或类似资产的市场价格： 借：生产性生物资产　　　　　（凭证金额+相关税费+运输费） 　　贷：公积公益金等 ②以名义金额入账： 借：生产性生物资产　　　　　　　　　　　　　　　　1 　　贷：公积公益金　　　　　　　　　　　　　　　　　1
（5）盘盈	①盘盈时： 借：生产性生物资产　　　　　（同类市场价-估计的累计折旧） 　　贷：待处理财产损溢 ②审批后： 借：待处理财产损溢 　　贷：其他收入

【工作实例3-10】购入种植果园的沃柑树苗

2025年3月10日，新村经济合作社购入沃柑树苗2 000棵，每棵5元，种植在果园，用于将来收获沃柑果后对外销售，款项以银行存款支付。会计分录为：

购入沃柑树苗费用=2 000×5=10 000（元）

借：生产性生物资产——沃柑树苗 　　　　　　　　　　　　10 000
　　贷：银行存款 　　　　　　　　　　　　　　　　　　　　　10 000

【工作实例3-11】对果园中的沃柑树进行养护

2025年3月14日，新村经济合作社对种植在果园中的沃柑树进行养护，领用化肥1 000元，应支付合作社养护人员工资5 000元、临时工劳务费2 000元。会计分录为：

借：生产性生物资产——沃柑树 　　　　　　　　　　　　　8 000
　　贷：库存物资——化肥 　　　　　　　　　　　　　　　　　1 000
　　　　应付工资 　　　　　　　　　　　　　　　　　　　　　5 000
　　　　应付劳务费 　　　　　　　　　　　　　　　　　　　　2 000

【工作实例3-12】将育肥猪转为种猪

2025年3月14日，新村经济合作社将2头育肥猪转为种猪，每头育肥猪的账面价值为2 500元。会计分录为：

借：生产性生物资产——种猪 　　　　　　　　　　　　　　5 000
　　贷：消耗性生物资产——育肥猪 　　　　　　　　　　　　　5 000

【工作实例3-13】收到补助的种母猪

2025年3月20日，县农业农村局向新村经济合作社发放集体经济发展项目补助的种母猪10头，已经办理移交手续，金额15 000元；合作社用银行存款支付运费1 000元。会计分录为：

借：生产性生物资产——种母猪 　　　　　　　　　　　　16 000
　　贷：公积公益金——政府捐赠 　　　　　　　　　　　　　15 000
　　　　银行存款 　　　　　　　　　　　　　　　　　　　　1 000

【工作实例3-14】盘盈沃柑树

2025年3月20日，新村经济合作社对果园中的沃柑树进行清查盘点时，发现果园中盘盈3棵沃柑树，按照同类沃柑树的市场价格估计金额为3 600元，根据该沃柑树的现状估计折旧金额为1 000元。经批准，确认为其他收入。会计分录为：

（1）盘盈时：

盘盈沃柑树价值=3 600−1 000=2 600（元）

借：生产性生物资产 　　　　　　　　　　　　　　　　　2 600
　　贷：待处理财产损溢——待处理非流动资产损溢 　　　　　　2 600

（2）审批后：

借：待处理财产损溢——待处理非流动资产损溢 　　　　　2 600
　　贷：其他收入 　　　　　　　　　　　　　　　　　　　　2 600

四、取得公益性生物资产的核算

（一）认识公益性生物资产

农村集体经济组织的公益性生物资产，是指以防护、环境保护为主要目的的生物资产，包括防风固沙林、水土保持林和水源涵养林等。

> **特别提示3-6**
>
> 公益性生物资产能带来防风固沙、保持水土的功效，或者具有美化环境、休闲游览的功能。

（二）账户及账簿设置

农村集体经济组织应设置资产类账户"公益性生物资产"，并按照公益性生物资产的种类或项目设置明细科目，进行明细核算。

（三）取得公益性生物资产的账务处理

取得公益性生物资产业务的账务处理见表3-4。

表3-4   取得公益性生物资产业务的账务处理

经济业务	账务处理
（1）购入	借：公益性生物资产 （取得时的实际成本） 　　贷：库存现金/银行存款/应付款等
（2）自行营造	借：公益性生物资产 （郁闭前的必要支出） 　　贷：库存现金/银行存款/库存物资/应付工资/应付劳务费等
（3）收到政府补助	①有相关凭据、评估价或有同类或类似资产的市场价格： 借：公益性生物资产 （凭证金额+相关税费+运输费） 　　贷：公积公益金等 ②以名义金额入账： 借：公益性生物资产 　　　　　　　　　　　　　　　1 　　贷：公积公益金 　　　　　　　　　　　　　　　1 如有需要支付的费用，则： 借：其他支出 （运输费+相关税费） 　　贷：库存现金/银行存款/应付款/应交税费
（4）消耗性生物资产、生产性生物资产转为公益性生物资产	借：公益性生物资产 　　生产性生物资产累计折旧 （已提折旧） 　　贷：消耗性生物资产/生产性生物资产 （账面价值）

【工作实例3-15】购买防风固沙的草坪

2025年3月28日，新村经济合作社为村中心公园购买草坪，用于观赏同时防风固沙，价款3 000元，款项已通过银行转账支付。会计分录为：

借：公益性生物资产——草坪 3 000
　　贷：银行存款 3 000

【工作实例3-16】对郁闭前景观园林进行养护

2025年3月12日，新村经济合作社对郁闭前景观园林进行养护，应支付临时养护人员劳务费用2 500元，耗用农药1 500元，款项尚未支付。会计分录为：

借：公益性生物资产——景观园林 4 000
　　贷：库存物资——农药 1 500
　　　　应付劳务费 2 500

【工作实例3-17】收到政府补助的防风固沙林木

2025年3月28日，新村经济合作社收到政府补助用于防风固沙的林木50棵（已郁闭），因无相关价值参考依据，按规定程序批准后以名义金额入账。另用银行存款支付运输费500元。会计分录为：

（1）以名义金额入账时：

借：公益性生物资产——林木 1
　　贷：公积公益金 1

（2）支付运费时：

借：其他支出 500
　　贷：银行存款 500

> **政策依据3-1**
>
> 　　根据《农村集体经济组织会计制度》，采用名义金额（人民币1元）对资产进行计价，只适用于无法取得相关价值凭证，也无法获得资产评估价值或比照同类或类似资产的市场价格计价的资产，且仅限于收到政府补助或他人捐赠的存货、生物资产、固定资产和无形资产。

【工作实例3-18】将对外出售的杨柳树苗转为保持水土的公益树苗

2025年3月18日，新村经济合作社将自行培植并准备对外出售的100棵杨柳树苗转为本村保持水土的公益树苗进行栽培，该100棵杨柳树苗账面余额为4 000元。会计分录为：

借：公益性生物资产——水土保持林 4 000
　　贷：消耗性生物资产——杨柳树苗 4 000

任务三　取得固定资产的核算

一、认识固定资产

1.概念

农村集体经济组织的固定资产，是指使用年限在1年以上，单位价值在规定标准以上，并且在使用过程中保持原来物质形态的资产。

2. 内容

固定资产主要包括房屋、建筑物、机器、设备、工具、器具、生产设施和农业农村基础设施等。

3. 计价原则

固定资产的初始成本包括购买价款、相关税费（如车辆购置税）、包装费、运输费、装卸费、保险费、安装调试费、专业人员服务费及其他直接费用等。

4. 账户及账簿设置

农村集体经济组织应设置资产类账户"固定资产"，并设置"固定资产登记簿"和"固定资产卡片"，按照固定资产类别和项目等设置明细科目，进行明细核算。

知识拓展3-2

固定资产及
非经营性固定
资产

二、取得固定资产的账务处理

取得固定资产业务的账务处理见表3-5。

表3-5　　　　　　　　　　取得固定资产业务的账务处理

经济业务	账务处理
（1）购入	借：固定资产 　贷：库存现金/银行存款/应付款等
（2）自建固定资产	借：固定资产 　贷：在建工程
（3）政府补助或者他人捐赠	①有相关凭据或资产评估价值或有同类或类似资产的市场价格： 借：固定资产　　　　　　　　　　（凭证金额+相关税费+运输费） 　贷：公积公益金等 ②以名义金额入账： 借：固定资产　　　　　　　　　　　　　　　　　　　　　　1 　贷：公积公益金　　　　　　　　　　　　　　　　　　　　　1 如有需要支付的费用，则： 借：其他支出　　　　　　　　　　　　　　　　（运输费+相关税费） 　贷：库存现金/银行存款/应付款/应交税费
（4）盘盈	①盘盈时： 借：固定资产　　　　　　　　　（同类市场价-估计的累计折旧） 　贷：待处理财产损溢 ②审批后： 借：待处理财产损溢 　贷：其他收入

【工作实例3-19】购入面包车

2025年3月20日，新村经济合作社购入一辆运输用的面包车，用银行存款支付购车款90 000元，支付运费及车辆购置税等10 000元。会计分录为：

购入面包车费用=90 000+10 000=100 000（元）

借：固定资产——面包车　　　　　　　　　　　　　　　　100 000

　　贷：银行存款　　　　　　　　　　　　　　　　　　　　　　100 000

【工作实例3-20】购入需要安装的果汁生产线

2025年3月25日，新村经济合作社购入一条需要安装的果汁生产线，用银行存款支付设备款113 000元、安装费2 000元，用现金支付运输费用500元。2025年3月27日，果汁生产线安装调试完毕、验收合格并交付使用。会计分录为：

（1）支付设备款和安装费时：

借：在建工程——果汁生产线　　　　　　　　　　　　　　115 500

　　贷：银行存款　　　　　　　　　　　　　　　　　　　　　　115 000

　　　　库存现金　　　　　　　　　　　　　　　　　　　　　　　 500

（2）交付使用时：

借：固定资产——果汁生产线　　　　　　　　　　　　　　115 500

　　贷：在建工程——果汁生产线　　　　　　　　　　　　　　115 500

【工作实例3-21】自行建造的办公楼已交付使用但尚未办理竣工决算

2025年3月28日，新村经济合作社自行建造的办公楼现已竣工，经验收合格，现已交付使用但尚未办理竣工决算，该办公大楼总预算为2 000 000元。会计分录为：

借：固定资产——房屋　　　　　　　　　　　　　　　　2 000 000

　　贷：在建工程——建筑安装工程投资　　　　　　　　　　2 000 000

特别提示3-7

　　已交付使用但尚未办理竣工决算手续的固定资产，应当按照估计价值入账，待办理竣工决算后再按照实际成本调整原来的暂估价值。

【工作实例3-22】收到镇政府补助的面包车

2025年3月10日，新村经济合作社收到镇政府补助的面包车一辆，提供的凭据注明的金额为36 000元。会计分录为：

借：固定资产——面包车　　　　　　　　　　　　　　　　 36 000

　　贷：公积公益金——接受政府补助　　　　　　　　　　　　 36 000

【工作实例3-23】收到县疾控中心捐赠的检测设备（以名义金额入账）

2025年3月28日，新村经济合作社收到县疾控中心捐赠的检测设备1台，对方未提供相关凭证，也无法按照资产评估价值或者比照同类或类似固定资产的市场价格确认价值，另用现金支付运费300元。会计分录为：

借：固定资产——检测设备　　　　　　　　　　　　　　　　　　1

　　贷：公积公益金——接受捐赠　　　　　　　　　　　　　　　　1

同时：

借：其他支出　　　　　　　　　　　　　　　　　　　　　300

　　贷：库存现金　　　　　　　　　　　　　　　　　　　　300

【工作实例3-24】盘盈全新联想电脑

2025年3月28日，新村经济合作社盘盈全新联想电脑1台，京东商城上同品牌、同型号的电脑价格为4 600元。会计分录为：

（1）盘盈固定资产时：

借：固定资产——联想电脑　　　　　　　　　　　　　　　4 600

　　贷：待处理财产损溢——待处理非流动资产损溢　　　　　　4 600

（2）审批后：

借：待处理财产损溢——待处理非流动资产损溢　　　　　　4 600

　　贷：其他收入——固定资产盘盈收入　　　　　　　　　　4 600

任务四　新增在建工程的核算

一、认识在建工程

1.概念

农村集体经济组织的在建工程，是指新建、改建、扩建，或技术改造、设备更新和大修理工程等尚未完工的工程支出。

知识精讲3-4

新增在建工程的核算

2.账户和账簿设置

农村集体经济组织应设置资产类账户"在建工程"，并按照工程项目等设置明细科目，进行明细核算。

二、新增在建工程的账务处理

农村集体经济组织新增在建工程业务的账务处理见表3-6。

表3-6　　　　　　　　　　新增在建工程业务的账务处理

经济业务	账务处理
（1）购入需要安装的固定资产	①购入时： 借：在建工程 　　贷：库存现金/银行存款/应付款等 ②工程完工交付使用时： 借：固定资产 　　贷：在建工程 ③工程完成未形成固定资产时： 借：经营支出/公益支出/其他支出等 　　贷：在建工程

经济业务	账务处理
（2）建造的固定资产	①自营工程：自行购买工程用料、自行施工并进行管理的工程。 购买或领用物资时： 借：在建工程 　贷：库存现金/银行存款/库存物资等 工程应负担的各种费用： 借：在建工程 　贷：内部往来/应付工资/应付劳务费等 工程完工交付使用时： 借：固定资产 　贷：在建工程 ②发包工程：由其他工程队或单位承包建造的工程。 预付工程款时： 借：应收款　　　　　　　　　　　　　　　　（实际预付款） 　贷：银行存款 拨付材料抵作工程款时： 借：在建工程 　贷：库存物资　　　　　　　　　　　　　　　（实际成本） 需要安装的设备交付承包企业进行安装时： 借：在建工程　　　　　　　　　　　　　　　　（设备成本） 　贷：库存物资等 办理工程价款结算时： 借：在建工程 　贷：银行存款/应付款等 工程完工交付使用时： 借：固定资产 　贷：在建工程
（3）改建的固定资产	①改建时： 借：在建工程 　　累计折旧 　贷：固定资产 ②发生改建支出时： 借：在建工程 　贷：库存现金/银行存款/应付款/内部往来/应付工资/应付劳务费等 ③改建完成时： 借：固定资产 　贷：在建工程

【工作实例3-25】自行建造蓄水池

2024年3月，新村经济合作社自行建造蓄水池。建造过程中，用银行存款购入工程用材料物资一批，价款84 750元。以银行存款支付工程用电费3 500元、聘请施工和技术人员的劳务费用25 000元。2025年3月工程完工，验收合格并交付使用。会计分录为：

（1）2024年购入工程用建筑材料时：

借：库存物资——工程物资　　　　　　　　　　　　　　　84 750
　　贷：银行存款　　　　　　　　　　　　　　　　　　　　　　84 750

（2）2024年领用建筑材料时：

借：在建工程——自营工程（蓄水池）　　　　　　　　　　84 750
　　贷：库存物资——工程物资　　　　　　　　　　　　　　　　84 750

（3）发生劳务费用时：

借：在建工程——自营工程（蓄水池）　　　　　　　　　　25 000
　　贷：应付劳务费　　　　　　　　　　　　　　　　　　　　　25 000

（4）支付劳务费时：

借：应付劳务费　　　　　　　　　　　　　　　　　　　　25 000
　　贷：银行存款　　　　　　　　　　　　　　　　　　　　　　25 000

（5）支付电费时：

借：在建工程——自营工程（蓄水池）　　　　　　　　　　3 500
　　贷：银行存款　　　　　　　　　　　　　　　　　　　　　　3 500

（6）2025年3月工程完工，验收合格交付使用时：

借：固定资产——蓄水池　　　　　　　　　　　　　　　113 250
　　贷：在建工程——自营工程（蓄水池）　　　　　　　　　　113 250

【工作实例3-26】发包给A公司建造库房

新村经济合作社发包给A公司建造库房，工程价款225 000元，2025年3月3日，预付工程价款150 000元。2025年3月30日，库房建造完工验收合格，并交付使用后，补付工程余款，取得全额增值税发票。会计分录为：

（1）预付工程价款时：

借：应收款——暂付发包工程款（A公司）　　　　　　　150 000
　　贷：银行存款　　　　　　　　　　　　　　　　　　　　　150 000

（2）确认在建工程并给付工程剩余价款时：

借：在建工程——发包工程（库房）　　　　　　　　　　225 000
　　贷：银行存款　　　　　　　　　　　　　　　　　　　　　　75 000
　　　　应收款——暂付发包工程款（A公司）　　　　　　　　150 000

（3）工程完工验收合格并交付使用时：

借：固定资产——库房　　　　　　　　　　　　　　　　225 000
　　贷：在建工程——发包工程（库房）　　　　　　　　　　　225 000

【工作实例3-27】对蔬菜大棚进行改建

新村经济合作社对本村的蔬菜大棚进行改建,该大棚原值350 000元,已计提折旧100 000元。改建过程中,发生拆除费用25 000元,以银行存款支付;收回材料变价收入5 000元存入银行。该工程通过工程招标,由B公司中标,中标价为250 000元,工程款通过银行转账方式支付。2025年3月25日,蔬菜大棚竣工验收并交付使用。会计分录为:

(1) 不考虑税费时:

①将原蔬菜大棚转入改建时:

借:在建工程——蔬菜大棚 250 000

　　累计折旧 100 000

　　贷:固定资产——蔬菜大棚 350 000

②支付拆除费用时:

借:在建工程——发包工程(蔬菜大棚) 25 000

　　贷:银行存款 25 000

③收回拆除材料的变价收入:

借:银行存款 5 000

　　贷:在建工程——发包工程(蔬菜大棚) 5 000

④支付B公司承包费用:

借:在建工程——发包工程(蔬菜大棚) 250 000

　　贷:银行存款 250 000

⑤2025年3月25日改建工程完工验收合格,交付使用:

蔬菜大棚发包费用=25 000-5 000+250 000=270 000(元)

借:固定资产——蔬菜大棚 520 000

　　贷:在建工程——发包工程(蔬菜大棚) 270 000

　　　　　　　　——蔬菜大棚 250 000

(2) 若新村经济合作社是小规模纳税人:

其中,①②④同上。

③收回拆除材料的变价收入:

应缴纳的增值税=5 000÷(1+1%)×1%=49.5(元)

借:银行存款 5 000

　　贷:在建工程——发包工程(蔬菜大棚) 4 950.5

　　　　应交税费——应交增值税 49.5

⑤2025年3月25日改建工程完工验收合格,交付使用时:

蔬菜大棚发包费用=25 000-4 950.5+250 000=270 049.5(元)

借:固定资产——蔬菜大棚 520 049.5

　　贷:在建工程——发包工程(蔬菜大棚) 270 049.5

　　　　　　　　——蔬菜大棚 250 000

任务五　取得无形资产的核算

一、认识无形资产

1.概念

农村集体经济组织的无形资产，是其拥有或控制的、没有可辨认的实物形态的非货币性资产。

> **特别提示3-8**
>
> 农村集体经济组织的无形资产没有实物形态，属于非货币性资产。

2.内容

无形资产主要包括专利权、商标权、著作权、非专利技术、土地经营权、林权、草原权等。

3.计价原则

无形资产的初始成本包括购买价款、相关税费（如过户费）、注册费、代理费、专业服务费（如法律咨询费）及其他直接费用。

4.账户和账簿设置

农村集体经济组织应设置资产类账户"无形资产"，并按照资产类别等设置明细科目，进行明细核算。

二、取得无形资产的账务处理

取得无形资产业务的账务处理见表3-7。

表3-7　　　　　　　　　取得无形资产业务的账务处理

经济业务	账务处理
（1）购入	借：无形资产　　　　　　　（购买价款+相关税费+相关的其他直接费用） 　　贷：库存现金/应付款/银行存款
（2）自行开发	借：无形资产　　　　　　　　　　　　　　　　　　　　（注册费+代理费） 　　贷：银行存款
（3）接受政府补助或他人捐赠	借：无形资产　　　　（凭据注明的金额/评估价/市场价+相关税费+运输费） 　　贷：公积公益金——接受捐赠

【工作实例3-28】购入一项荔枝树嫁接技术

2025年3月5日，新村经济合作社向A市农科所购入一项荔枝树嫁接技术，用银行存款支付价款11 500元，手续费500元，预计使用寿命为5年。会计分录为：

购入荔枝树嫁接技术费用=11 500+500=12 000（元）

借：无形资产——荔枝树嫁接技术　　　　　　　　　　　　　　12 000

贷：银行存款 12 000

【工作实例3-29】自行研发专利技术

2025年3月18日，新村经济合作社将一项自行研发的火龙果种苗培植技术申请取得了专利，通过银行存款支付注册费、代理费共计24 000元，该项专利预计使用寿命为5年。会计分录为：

借：无形资产——专利权（火龙果种苗培植技术） 24 000
  贷：银行存款 24 000

【工作实例3-30】获得捐赠财务软件

2025年3月20日，新村经济合作社收到用友公司捐赠的财务软件一套，用友公司提供的票据标明价格为16 000元，通过银行存款支付安装和培训费共计2 000元，预计使用寿命为3年。会计分录为：

借：无形资产——财务软件 18 000
  贷：公积公益金——接受捐赠 16 000
    银行存款 2 000

项目实施

针对"项目导入"中的经济业务，相关账务处理程序如下：

第一步：采购化肥。

确认化肥总成本=10×3 200+2 000=34 000（元）

借：库存物资——化肥 34 000
  贷：库存现金 34 000

第二步：购置生物资产。

确认苹果树苗总成本=300×80=24 000（元）

借：生产性生物资产——苹果树苗 24 000
  贷：银行存款 24 000

第三步：接受捐赠的会计分录。

确认检测设备总成本=15 000+1 000=16 000（元）

借：固定资产——检测设备 16 000
  贷：公积公益金——接受捐赠 15 000
    银行存款 1 000

第四步：在建工程管理。

（1）业务流程：需要控制付款节点。

①工程开工时，支付总款项的60%；

②工程竣工验收合格后，再支付总款项的40%。

（2）会计分录为：

①工程开工时：

借：在建工程 600 000
  贷：银行存款 600 000

②工程竣工验收合格后：

借：在建工程 400 000

　　贷：银行存款 400 000

③结转固定资产：

借：固定资产——文化广场 1 000 000

　　贷：在建工程 1 000 000

育德润心

开阳县花梨镇十字村村集体经济"逆袭"之路

2022年，当周边村庄仍依赖传统农耕时，开阳县花梨镇十字村以村集体股份经济合作社为主体，投入60余万元购置山地农机，由村干部带头成立服务团队，通过设备租赁、代耕代收等模式打开市场。村民们对合作社提供的农机服务赞不绝口，称其节省了人力，提高了效率。

2024年，十字村股份经济合作社新增投入54.146万元，扩容7台（套）山地农机，培养两名农机从业人员，进一步夯实农机社会化服务能力。合作社年经营性收入从零起步跃升至25.1万元，累计库存资金达90万元，村集体经济总收入达136.59万元。合作社也被评为"贵州省优秀农机从业单位"，群众认可度和满意度逐年上升。

资料来源：曾武，李巧. 100万元农机投入的背后——开阳县花梨镇十字村村集体经济"逆袭"之路［EB/OL］.［2025-03-07］. https://www.toutiao.com/article/7479022731792384524/? channel=&source=search_tab.

德育要素：创新精神　合作精神

职业点拨：十字村以村集体股份经济合作社为主体，积极投入资金购置农机，村干部带头成立服务团队，创新发展农机服务模式，体现了合作与创新的重要性。在职业发展过程中，我们应学会通过团队合作攻克难题，敢于尝试和创新，只有勇于探索新的业务模式和发展路径，才能不断提升村民的获得感和幸福感。

📝 项目测试

一、单选题

项目测试3-1
在线答题

1.农村集体经济组织购入存货的入账价值不包括（　　）。

A.购买价款　　　　　　　　　　B.运输费

C.装卸费　　　　　　　　　　　D.销售人员的工资

2.农村集体经济组织自行繁殖的育肥畜，其初始计量应计入（　　）。

项目测试3-2
拓展练习

A.生产性生物资产　　　　　　　B.消耗性生物资产

C.固定资产　　　　　　　　　　D.库存物资

3.农村集体经济组织盘盈的生产性生物资产，入账价值为（　　）。

A.原始购买价格　　　　　　　　B.评估价值

C.同类市场价减去估计的累计折旧　D.生产成本

4.农村集体经济组织的固定资产是指（　　）。

A.使用年限在1年以上，单位价值在规定标准以上，保持原来物质形态的资产

B.使用年限在1年以内，单位价值较低的资产

C.为出售而持有的资产

D.用于科研实验的专用设备

5.农村集体经济组织自行建造的固定资产应按（　　）入账。

A.市场评估价　　　　　　　　　　B.交付使用前所发生的全部必要支出

C.建造合同价　　　　　　　　　　D.预算金额

二、多选题

1.农村集体经济组织存货的入账价值确定依据包括（　　）。

A.购买价款+相关税费　　　　　　B.运输费+装卸费

C.销售费用　　　　　　　　　　　D.生产过程中的实际支出

2.关于"库存物资"账户核算的内容，正确的有（　　）。

A.核算库存的原材料、农产品　　　B.核算固定资产

C.按物资品名设置明细科目　　　　D.核算银行存款

3.下列属于消耗性生物资产的有（　　）。

A.生长中的大田作物　　　　　　　B.存栏待售的牲畜

C.产奶的奶牛　　　　　　　　　　D.用材林

4.关于生产性生物资产的账务处理，下列说法正确的有（　　）。

A.外购时按应计成本入账

B.自行营造的林木类按达到预定生产经营目的前的必要支出入账

C.幼畜成龄转为产畜时按市场评估价入账

D.盘盈时按同类市场价减去估计的累计折旧入账

5.农村集体经济组织外购固定资产的入账价值包括（　　）。

A.购买价款　　　　　　　　　　　B.运输费

C.安装调试费　　　　　　　　　　D.相关税费

三、判断题

1.盘盈的存货按同类或类似存货的市场价格或评估价值入账。　　　　（　　）

2.农村集体经济组织的短期借款主要用于非流动资产购置。　　　　　（　　）

3.消耗性生物资产包括产畜和役畜。　　　　　　　　　　　　　　　（　　）

4.农村集体经济组织自行营造的林木，其成本包括栽培至成林前的必要支出。

（　　）

5.已使用但尚未办理竣工决算的自建固定资产，应先按估价入账。　　（　　）

四、业务题

1.2025年1月，某村经济合作社购入一条需要安装的蔬菜冻干加工线，用银行存款支付设备款83 000元，安装费2 000元，用现金支付运输费用800元。2025年5月25日，果汁生产线安装调试完毕、验收合格并交付使用。

要求：根据题目内容做相应的账务处理。

2.某村集体经济组织2025年4月发生以下经济业务：从外地购入化肥10吨，单价2 000元/吨，运输费500元，货款已通过银行支付，化肥验收入库。接受成员捐赠稻种一批，市场估价8 000元，未取得发票。自产小麦入库，生产成本共计12 000元。

要求：

（1）计算化肥的入账价值并编制会计分录。

（2）编制捐赠稻种的会计分录。

（3）编制自产小麦入库的会计分录。

3.某村集体经济组织2025年4月发生以下经济业务：购入一台收割机，价格为100 000元，运输安装费5 000元，款项均以银行存款支付；用银行存款购买白菜种子3 000元，收货后用于出售，当月耗用化肥4 000元，应支付固定人员工资20 000元；自行研制一项果树嫁接栽培技术，按法律程序申请取得专利，支付代理费及注册费共计5 000元。

要求：

（1）计算收割机的入账价值并编制会计分录。

（2）编制种植白菜过程的会计分录。

（3）编制申请取得专利的会计分录。

项目评价

本项目评价见表3-8。

表3-8　　　　　　　　　　　　　　**项目评价表**

项目名称		采购过程的核算		
	评价要点	学生自评（50%）	教师评价（50%）	评分标准说明
知识掌握（30分）	掌握存货、生物资产、固定资产、无形资产的内容和计价原则（10分）			• 优秀（9~10分）：全面掌握知识，技能熟练，素养突出，能独立解决复杂问题 • 良好（7~8分）：知识较扎实，技能达标，素养良好，需在部分领域提升 •合格（5~6分）：基本达到要求，但存在知识漏洞或技能不足，需要有针对性改进 •待提高（5分以下）：核心知识/技能缺失，需系统化补足基础
	掌握采购过程中增值税的处理原则（10分）			
	理解生物资产、固定资产、无形资产等核算规则与账务处理逻辑（10分）			
技能应用（40分）	能规范完成存货、生物资产业务的账务处理（10分）			
	能规范完成取得固定资产业务的账务处理（10分）			

评价要点		学生自评（50%）	教师评价（50%）	评分标准说明
技能应用（40分）	能规范完成取无形资产业务的账务处理（10分）			• 优秀（9～10分）：全面掌握知识，技能熟练，素养突出，能独立解决复杂问题 • 良好（7～8分）：知识较扎实，技能达标，素养良好，需在部分领域提升 •合格（5～6分）：基本达到要求，但存在知识漏洞或技能不足，需要有针对性改进 •待提高（5分以下）：核心知识/技能缺失，需系统化补足基础
	能规范完成新增在建工程业务的账务处理（10分）			
素质养成（30分）	具有专款专用意识，恪守廉洁自律的财务纪律底线（10分）			
	具有精益求精的职业态度，筑牢诚信守法的职业道德根基（10分）			
	具有厚植服务乡村振兴的家国情怀，积极践行集体经济发展的时代使命（10分）			
综合评价成绩（100分）				

学生自评：

学生签字：

教师评语：

教师签字：

学习目标

知识目标

1. 掌握库存物资发出的计价方法。
2. 掌握生产（劳务）成本核算的内容。
3. 掌握生产费用核算的内容。
4. 掌握固定资产折旧的概念和计算方法。
5. 掌握无形资产摊销的概念和计算方法。
6. 掌握生产性生物资产折旧的概念和计算方法。
7. 掌握长期待摊费用的概念和计算方法。

技能目标

1. 能熟练计算库存物资发出的成本。
2. 能完成生产（劳务）成本业务的账务处理。
3. 能完成生产费用业务的账务处理。
4. 能完成固定资产折旧的计算和账务处理。
5. 能完成无形资产摊销和长期待摊费用业务的账务处理。
6. 能完成生产性生物资产折旧的计算和账务处理。
7. 能完成生物资产后续支出业务的账务处理。

素养目标

1. 培养学生严谨细致、客观公正的会计职业素养。
2. 培养学生廉洁自律、诚实守信的会计职业道德。
3. 培养学生服务农村、助力集体经济发展的职业意识。

【知识导图】

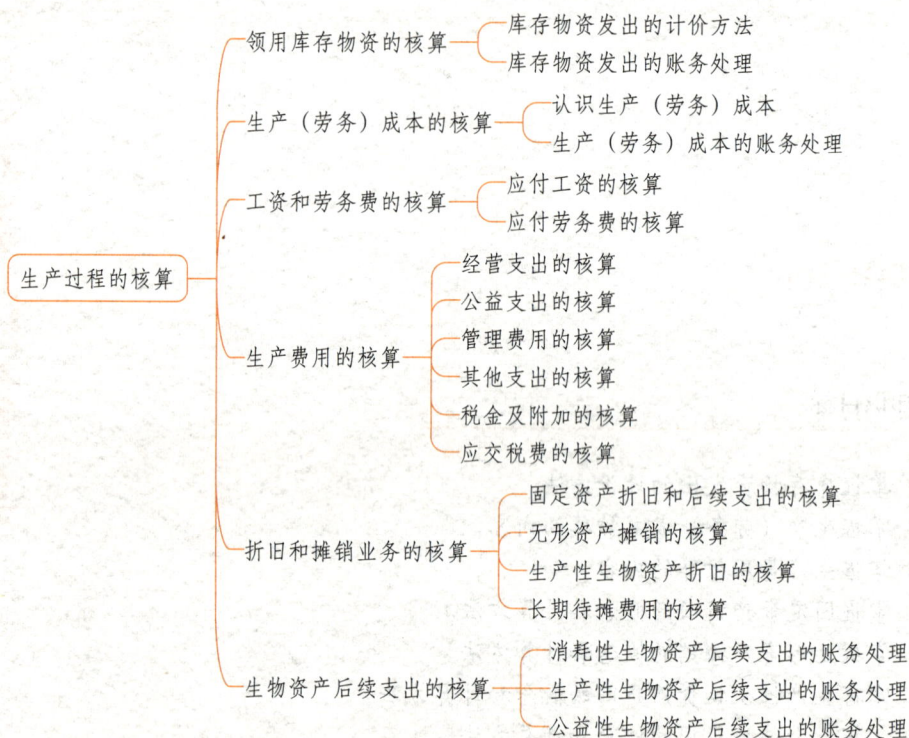

生产过程的核算
- 领用库存物资的核算
  - 库存物资发出的计价方法
  - 库存物资发出的账务处理
- 生产（劳务）成本的核算
  - 认识生产（劳务）成本
  - 生产（劳务）成本的账务处理
- 工资和劳务费的核算
  - 应付工资的核算
  - 应付劳务费的核算
- 生产费用的核算
  - 经营支出的核算
  - 公益支出的核算
  - 管理费用的核算
  - 其他支出的核算
  - 税金及附加的核算
  - 应交税费的核算
- 折旧和摊销业务的核算
  - 固定资产折旧和后续支出的核算
  - 无形资产摊销的核算
  - 生产性生物资产折旧的核算
  - 长期待摊费用的核算
- 生物资产后续支出的核算
  - 消耗性生物资产后续支出的账务处理
  - 生产性生物资产后续支出的账务处理
  - 公益性生物资产后续支出的账务处理

【项目导入】

2024年10月，某村经济合作社（小规模纳税人）开展"秋收生产专项行动"，发生以下经济业务：

（1）领取化肥5吨用于生态茶园（采购批次：3月批次2吨，单价3 100元/吨；5月批次3吨，单价3 300元/吨）。

（2）秋收临时工工资结算：20人×15天×150元/天。

（3）收割机租赁费：8 000元（取得增值税专用发票）。

（4）支付办公室电费1 850元（管理费用）。

（5）苹果树病虫害防治支出6 500元。

思考：会计张梅如何进行相关账务处理，完成化肥领用、工资发放、支付租金、管理费用、生物资产养护业务的会计核算？

任务一　领用库存物资的核算

一、库存物资发出的计价方法

农村集体经济组织应当采用先进先出法、月末一次加权平均法或者个别计价法确定出库存货的成本。计价方法一经确定，不得随意变更。具体内容见表4-1。

表4-1　　　　　　　　　　　　　　库存物资发出的计价方法

方法	概念	优点	缺点
1.先进先出法	假设先购入的存货先发出	可随时结转存货发出成本	如存货收发业务较多且单价不稳定时，工作量较大
2.月末一次加权平均法	当月全部进货数量，加上月初存货数量作为权数，除以当月全部进货成本加上月初存货成本，计算出加权平均单位成本，再以此确定发出存货成本	减少了平时存货计价的工作量	平时看不到材料的结存价值，不利于材料的日常管理
3.个别计价法	以某批存货购入时的实际单位成本作为该批存货发出的实际成本	成本计算准确，适用于不能代替使用的存货和为特定项目专门购入或制造的存货	工作量较大

【工作实例4-1】采用先进先出法计算存货的发出成本

若新村经济合作社采用先进先出法计算存货的发出，2025年3月购入和发出沙子的明细账见表4-2。

表4-2　　　　　　　　　　　　　新村经济合作社沙子明细账　　　　　数量单位：吨/金额单位：元

2025年		摘要	收入			支出			结存		
月	日		数量	单价	金额	数量	单价	金额	数量	单价	金额
3	1	上月结余							2	120	240
3	7	购入	10	130	1 300				2	120	240
									10	130	1 300
3	15	发出				2	120	240			
						6	130	780	4	130	520
3	17	发出				2	130	260	2	130	260
		合计	10	—	1 300	10	—	1 280			

【工作实例4-2】采用加权平均法计算存货的发出成本

若新村经济合作社采用月末一次加权平均法计算存货的发出，2025年3月购入和发出沙子的明细账见表4-3。

表4-3　　　　　　　　　　　　　新村经济合作社沙子明细账　　　　　数量单位：吨/金额单位：元

2025年		摘要	收入			支出			结存		
月	日		数量	单价	金额	数量	单价	金额	数量	单价	金额
3	1	上月结余							2	120	240
3	7	购入	10	130	1 300				12		
3	15	发出				8			4		
3	17	发出				2			2		
		合计	10	—	1 300	10	128.33	1 283.3	2		256.7

（1）加权平均单价=（240+1 300）÷（2+10）≈128.33（元/吨）

（2）本月发出存货的实际成本=10×128.33=1 283.3（元）

（3）月末结存货的实际成本=240+1 300−1 283.3=256.7（元）

二、库存物资发出的账务处理

农村集体经济组织库存物资发出业务的账务处理见表4-4。

表4-4　　　　　　　　　库存物资发出业务的账务处理

经济业务	账务处理
领用库存物资	借：生产（劳务）成本/在建工程/管理费用等 　　贷：库存物资

【工作实例4-3】用库存物资（沙子）修建村内道路

2025年3月24日，新村经济合作社修建村内道路，出库沙子8吨。

（1）如果存货发出采用先进先出法核算（具体计算过程和金额见表4-2），会计分录为：

借：在建工程——村内道路　　　　　　　　　　　　　　　1 280

　　贷：库存物资——沙子　　　　　　　　　　　　　　　　　1 280

（2）如果存货发出采用加权平均法核算（具体计算过程和金额见表4-3），会计分录为：

借：在建工程——村内道路　　　　　　　　　　　　　　1 283.3

　　贷：库存物资——沙子　　　　　　　　　　　　　　　　1 283.3

特别提示4-1

发出存货的计价方法不同，当月发出的存货成本也会有误差。

任务二　生产（劳务）成本的核算

知识精讲4-2

生产（劳务）成本的核算

一、认识生产（劳务）成本

1.概念

农村集体经济组织的生产（劳务）成本，是指直接组织生产或对外提供劳务等活动所发生的各项生产费用和劳务支出。

2.账户及账簿设置

农村集体经济组织应设置成本类账户"生产（劳务）成本"，按照生产费用和劳务成本种类设置明细科目，进行明细核算。

二、生产（劳务）成本的账务处理

农村集体经济组织生产（劳务）成本业务的账务处理见表4-5。

表4-5　　　　　　　　　　　　生产（劳务）成本业务的账务处理

经济业务	账务处理
（1）发生各项生产费用和劳务成本时	借：生产（劳务）成本 　贷：库存现金/银行存款/内部往来/库存物资/累计折旧/生产性生物资产累计折旧/累计摊销/长期待摊费用/应付款/应付工资/应付劳务费等
（2）产生已验收入库的产成品	借：库存物资 　贷：生产（劳务）成本
（3）对外提供劳务实现销售时	借：经营支出 　贷：生产（劳务）成本

【工作实例4-4】生产米粉

2025年3月10日，新村经济合作社将账面价值50 000元的大米加工成米粉，当月应承担米粉加工车间设备的折旧费用20 000元，包装材料10 000元，以银行存款支付劳务等其他费用30 000元。3月25日，制成米粉10吨并验收入库。会计分录为：

（1）领用大米时：

借：生产（劳务）成本——米粉　　　　　　　　　　　　50 000

　　贷：库存物资——农产品（大米）　　　　　　　　　　　50 000

（2）分摊折旧费时：

借：生产（劳务）成本——米粉　　　　　　　　　　　　20 000

　　贷：累计折旧——米粉生产线　　　　　　　　　　　　20 000

（3）领用包装材料时：

借：生产（劳务）成本——米粉　　　　　　　　　　　　10 000

　　贷：库存物资——包装材料　　　　　　　　　　　　　10 000

（4）确认劳务等其他费用时：

借：生产（劳务）成本——米粉　　　　　　　　　　　　30 000

　　贷：应付劳务费　　　　　　　　　　　　　　　　　　30 000

（5）支付劳务等其他费用时：

借：应付劳务费　　　　　　　　　　　　　　　　　　　30 000

　　贷：银行存款　　　　　　　　　　　　　　　　　　　30 000

（6）完工入库时：

借：库存物资——米粉　　　　　　　　　　　　　　　110 000

　　贷：生产（劳务）成本——米粉　　　　　　　　　　　110 000

【工作实例4-5】提供劳务取得收入

新村经济合作社组织成员对外提供手绳编织服务。2025年3月3日，接受福缘手工坊委托，为其编织手绳10 000条，每条手绳加工费1元，共计10 000元。合同签订后福缘手工坊预付30%合同金额，已存入银行。加工期间以现金支付手绳编织室水电费100元，应付编织人员工资6 000元，应分摊的房屋及机器设备折旧费为500元。
3月28日，手绳编织完成，福缘手工坊验收合格后，转入余款。会计分录为：

（1）收到预付款时：

收到预付款=10 000×30%=3 000（元）

借：银行存款　　　　　　　　　　　　　　　　　　　　　　3 000
　　贷：应收款——福缘手工坊　　　　　　　　　　　　　　　　　3 000

（2）支付加工期间相关费用时：

借：生产（劳务）成本——手绳编织服务　　　　　　　　　　6 600
　　贷：库存现金　　　　　　　　　　　　　　　　　　　　　　　100
　　　　应付工资　　　　　　　　　　　　　　　　　　　　　6 000
　　　　累计折旧　　　　　　　　　　　　　　　　　　　　　　500

（3）手绳验收合格后，确认收入时：

①不考虑税费：

借：银行存款　　　　　　　　　　　　　　　　　　　　　　7 000
　　应收款——福缘手工坊　　　　　　　　　　　　　　　　3 000
　　贷：经营收入——劳务收入　　　　　　　　　　　　　　　10 000

同时结转劳务支出：

借：经营支出　　　　　　　　　　　　　　　　　　　　　　6 600
　　贷：生产（劳务）成本——手绳编织服务　　　　　　　　　　6 600

②若新村经济合作社是小规模纳税人：

应交增值税=10 000÷（1+1%）×1%=99.01（元）

劳务收入=10 000−99.01=9 900.99（元）

借：银行存款　　　　　　　　　　　　　　　　　　　　　　7 000
　　应收款——福缘手工坊　　　　　　　　　　　　　　　　3 000
　　贷：经营收入——劳务收入　　　　　　　　　　　　　　9 900.99
　　　　应交税费——应交增值税　　　　　　　　　　　　　　99.01

同时，结转劳务成本：

借：经营支出　　　　　　　　　　　　　　　　　　　　　　6 600
　　贷：生产（劳务）成本——手绳编织服务　　　　　　　　　　6 600

任务三　工资和劳务费的核算

知识精讲4-3

工资和劳务费
的核算

一、应付工资的核算

（一）认识应付工资

1.概念

农村集体经济组织的应付工资，是指该组织为获取管理人员、固定员工等职工所提供的服务，而需支付给职工的各种形式的报酬以及其他相关支出。

2. 范围

应付工资包括在工资总额范围内的各类工资、奖金、津贴、补助、社会保险费等项目。

3. 账户及账簿设置

工资核算应设置负债类账户"应付工资"，并建立"应付工资明细账"，依据应付工资的支付对象、具体内容等开展明细核算工作。

（二）应付工资的账务处理

农村集体经济组织应付工资业务的账务处理见表4-6。

表4-6　　　　　　　　　　　应付工资业务的账务处理

经济业务	账务处理
（1）计提工资（根据人员岗位进行工资分配）	借：管理费用/经营支出/在建工程/生产（劳务）成本等 　　贷：应付工资
（2）发放工资	借：应付工资 　　贷：银行存款/库存现金

【工作实例4-6】计提并发放员工工资

2025年3月31日，新村经济合作社计提本月工资，其中管理人员工资2 000元，生产人员工资3 000元。4月10日，以银行存款发放上月计提的工资5 000元。会计分录为：

（1）计提工资：

借：管理费用　　　　　　　　　　　　　　　　　　　　　　2 000

　　生产（劳务）成本　　　　　　　　　　　　　　　　　　3 000

　　贷：应付工资　　　　　　　　　　　　　　　　　　　　　　　5 000

（2）次月发放工资：

借：应付工资　　　　　　　　　　　　　　　　　　　　　　5 000

　　贷：银行存款　　　　　　　　　　　　　　　　　　　　　　　5 000

【工作实例4-7】代缴并支付工资、个税、社保

2025年3月25日，新村经济合作社按规定提取本月管理人员工资50 000元（其中应代扣代缴个人所得税2 500元，应缴纳个人负担的基本养老保险2 400元、医疗及其他保险500元）；应缴纳单位负担的基本养老保险费6 000元、医疗及其他保险费3 000元；月末以银行存款支付。会计分录为：

（1）提取工资：

借：管理费用——人员工资　　　　　　　　　　　　　　　　59 000

　　贷：应付工资——工资　　　　　　　　　　　　　　　　　　　50 000

　　　　　　——基本养老保险费（单位负担）　　　　　　　　　6 000

　　　　　　——医疗及其他保险费（单位负担）　　　　　　　　3 000

（2）发放工资：

借：应付工资——工资   50 000

    贷：应交税费——应交个人所得税   2 500

        应付款——基本养老保险费（个人负担）   2 400

            ——医疗及其他保险费（个人负担）   500

        银行存款   44 600

（3）上缴管理人员的基本养老保险费、社会保险费及个人所得税：

借：应付工资——基本养老保险费（单位负担）   6 000

            ——医疗及其他保险费（单位负担）   3 000

    应付款——基本养老保险费（个人负担）   2 400

        ——医疗及其他保险费（个人负担）   500

    应交税费——应交个人所得税   2 500

    贷：银行存款   14 400

二、应付劳务费的核算

（一）认识应付劳务费

1.概念

农村集体经济组织的应付劳务费，是指其为获取季节性用工等临时性劳务人员所提供的劳务，而应支付给他们的各种形式的报酬以及其他相关支出，涵盖劳务费、奖金、津贴、补助等项目。

2.账户及账簿设置

劳务费核算应设置负债类账户"应付劳务费"，并设置"应付劳务费明细账"，按照应付劳务费的对象、组成内容等，进行明细核算。

（二）应付劳务费的账务处理

农村集体经济组织应付劳务费业务的账务处理见表4-7。

表4-7   应付劳务费业务的账务处理

经济业务	账务处理
（1）提取劳务费（根据人员岗位进行劳务费分配）	借：在建工程/生产（劳务）成本/经营支出等 贷：应付劳务费
（2）实际支付劳务费时	借：应付劳务费 贷：库存现金/银行存款

【工作实例4-8】计算并支付临时工劳务费

2025年3月15日，新村经济合作社组织人员对果园进行修剪工作，按照规定提取修剪临时工劳务费5 000元。4月20日，以现金实际支付该笔劳务费。会计分录为：

（1）提取劳务费：

借：生产（劳务）成本——果园修剪   5 000

　　　　贷：应付劳务费　　　　　　　　　　　　　　　　　　　　　　　　5 000
　　（2）实际支付劳务费：
　　借：应付劳务费　　　　　　　　　　　　　　　　　　　　　　　　5 000
　　　　贷：库存现金　　　　　　　　　　　　　　　　　　　　　　　　5 000

任务四　生产费用的核算

知识精讲4-4

生产费用的
核算

　　农村集体经济组织的费用，是指其在日常活动中发生的、会导致所有者权益减少的、与向成员分配无关的经济利益总流出，包括经营支出、公益支出、管理费用、其他支出、税金及附加等。

一、经营支出的核算

（一）认识经营支出

1.概念

　　农村集体经济组织的经营支出，是指该组织因销售商品、提供劳务、让渡集体资产资源使用权等经营活动而发生的实际支出。

2.内容

　　经营支出的内容包括销售商品的成本、对外提供劳务的成本、维修费、运输费、保险费、生产性生物资产的管护饲养费用及其成本摊销、出租固定资产或无形资产的折旧或摊销等。

3.账户及账簿设置

　　农村集体经济组织应设置损益类账户"经营支出"，按照经营项目设置明细科目，进行明细核算。

特别提示4-2

　　费用类账户期末应结转至"本年收益"的贷方，结转后无余额。

（二）经营支出的账务处理

　　农村集体经济组织经营支出业务的账务处理见表4-8。

表4-8　　　　　　　　　　　经营支出业务的账务处理

经济业务	账务处理
（1）发生经营支出时	借：经营支出 　　贷：库存现金/银行存款/内部往来/库存物资/消耗性生物资产/在建工程/应付款/应付工资/应付劳务费/生产（劳务）成本/生产性生物资产累计折旧/累计折旧/累计摊销等
（2）期末结转时	借：本年收益 　　贷：经营支出

【工作实例4-9】销售米粉

接【工作实例4-4】，2025年3月28日，新村经济合作社将10吨米粉全部出售，取得130 000元存入银行。会计分录为：

（1）不考虑税费时：

借：银行存款 130 000
　　贷：经营收入——销售收入（米粉） 130 000

同时，结转米粉成本：

借：经营支出——销售支出（米粉） 110 000
　　贷：库存物资——米粉 110 000

（2）若新村经济合作社为小规模纳税人：

应交增值税=130 000÷（1+1%）×1%=1 287.13（元）

销售米粉收入=130 000-1 287.13=128 712.87（元）

借：银行存款 130 000
　　贷：经营收入——销售收入（米粉） 128 712.87
　　　　应交税费——应交增值税 1 287.13

同时，结转米粉成本：

借：经营支出——销售支出（米粉） 110 000
　　贷：库存物资——米粉 110 000

【工作实例4-10】出租固定资产发生维修费、折旧费

2025年3月31日，新村经济合作社已出租的仓库需要维修大门，共发生维修费用3 000元，已用银行存款支付；当月该仓库计提折旧2 000元。会计分录为：

借：经营支出——出租支出 5 000
　　贷：累计折旧——出租仓库折旧 2 000
　　　　银行存款 3 000

【工作实例4-11】对外提供劳务

2025年3月31日，新村经济合作社为邻村提供家禽配种服务，应支付合作社人员工资1 000元，其他费用150元，款项支出均以银行存款付讫。会计分录为：

（1）确认人工费用时：

借：经营支出——劳务支出 1 000
　　贷：应付工资——家禽配种服务人员 1 000

（2）支付其他服务费用时：

借：经营支出——劳务支出 150
　　贷：银行存款 150

（3）支付人员工资时：

借：应付工资——家禽配种服务人员 1 000
　　贷：银行存款 1 000

> **政策依据4-1**
>
> 《中华人民共和国增值税暂行条例》及《中华人民共和国增值税暂行条例实施细则》规定，纳税人提供农业机耕、排灌、病虫害防治、植物保护、农牧保险以及相关技术培训业务，家禽、牲畜、水生动物的配种和疾病防治，免征增值税。

【工作实例4-12】期末结转经营支出

2025年3月31日，新村经济合作社经营支出余额106 433元，全部结转至本年收益。会计分录为：

借：本年收益　　　　　　　　　　　　　　　　　　　　　　106 433

　　贷：经营支出　　　　　　　　　　　　　　　　　　　　　　106 433

二、公益支出的核算

（一）认识公益支出

1.概念

农村集体经济组织的公益支出，是指发生的用于本集体经济组织内部公益事业、集体福利或成员福利的各项支出，以及公益性固定资产折旧和修理费等。

2.账户及账簿设置

农村集体经济组织应设置损益类账户"公益支出"，按照公益支出项目设置明细科目，进行明细核算。

（二）公益支出的账务处理

农村集体经济组织公益支出业务的账务处理见表4-9。

表4-9　　　　　　　　　　　　　公益支出业务的账务处理

经济业务	账务处理
（1）发生	借：公益支出 　　贷：库存现金/银行存款/库存物资/在建工程/累计折旧等
（2）期末结转	借：本年收益 　　贷：公益支出

【工作实例4-13】支付新春补贴

2025年1月24日，新村经济合作社对5户孤寡老人进行新春补贴，每户补贴1 000元，共计金额5 000元，款项以现金付讫。会计分录为：

借：公益支出——孤寡老人补贴　　　　　　　　　　　　　　　5 000

　　贷：库存现金　　　　　　　　　　　　　　　　　　　　　　5 000

【工作实例4-14】支付研究生学费补贴

2025年3月3日，新村经济合作社为本村2024年考取研究生的学生发放学费补贴3 000元，款项以现金付讫。会计分录为：

借：公益支出——研究生学费补贴　　　　　　　　　　　　　　3 000

贷：库存现金 3 000

【工作实例4-15】支付村民活动中心体育器材款

2025年3月31日，新村经济合作社以转账方式支付村民活动中心体育器材款6 500元。会计分录为：

借：公益支出——集体设施 6 500

  贷：银行存款 6 500

【工作实例4-16】计提村内文化广场固定资产折旧费

2025年3月31日，新村经济合作社计提村内文化广场固定资产折旧费500元。会计分录为：

借：公益支出——折旧费 500

  贷：累计折旧 500

【工作实例4-17】结转公益支出

2025年3月31日，新村经济合作社结转公益支出本期借方余额32 000元，会计分录为：

借：本年收益 32 000

  贷：公益支出 32 000

三、管理费用的核算

（一）认识管理费用

1.概念

农村集体经济组织的管理费用，是指该组织管理活动发生的各项支出。

2.内容

管理费用包括管理人员及固定员工的工资、办公费、差旅费、管理用固定资产修理费、管理用固定资产折旧、管理用无形资产摊销、聘请中介机构费、咨询费、诉讼费等，以及保障村级组织和村务运转的各项支出。

3.账户及账簿设置

农村集体经济组织应设置损益类账户"管理费用"，按照管理费用的项目设置明细科目。

（二）管理费用的账务处理

农村集体经济组织管理费用业务的账务处理见表4-10。

表4-10 管理费用业务的账务处理

经济业务	账务处理
（1）发生	借：管理费用 贷：库存现金/银行存款/库存物资/累计折旧/累计摊销/长期待摊费用/应付工资等
（2）期末结转	借：本年收益 贷：管理费用

【工作实例4-18】提取并支付工资

2025年3月28日，新村经济合作社提取管理人员工资30 000元，合作社负担基本养老保险费6 000元、基本医疗保险费5 000元。会计分录为：

应付工资总额=30 000+6 000+5 000=41 000（元）

借：管理费用——人员工资　　　　　　　　　　　　　　　41 000

　　贷：应付工资——管理人员　　　　　　　　　　　　　　　41 000

【工作实例4-19】管理用固定资产折旧

2025年3月10日，新村经济合作社计提办公用房及办公设备折旧费3 300元。会计分录为：

借：管理费用——固定资产折旧费　　　　　　　　　　　　3 300

　　贷：累计折旧　　　　　　　　　　　　　　　　　　　　3 300

【工作实例4-20】购买期刊

2025年3月7日，新村经济合作社购买"智慧助农"期刊一本，以银行转账方式支付期刊费50元。会计分录为：

借：管理费用——办公费　　　　　　　　　　　　　　　　50

　　贷：银行存款　　　　　　　　　　　　　　　　　　　　50

【工作实例4-21】支付办公费

2025年3月7日，新村经济合作社通过银行存款支付办公室电费150元，购买办公用品500元。会计分录为：

借：管理费用——办公费　　　　　　　　　　　　　　　　500

　　　　　　——电费　　　　　　　　　　　　　　　　　150

　　贷：银行存款　　　　　　　　　　　　　　　　　　　　650

【工作实例4 22】结转管理费用

2025年3月31日，新村经济合作社结转本期管理费用借方余额110 660元，会计分录为：

借：本年收益　　　　　　　　　　　　　　　　　　　　110 660

　　贷：管理费用　　　　　　　　　　　　　　　　　　　　110 660

四、其他支出的核算

（一）认识其他支出

1.概念

农村集体经济组织的其他支出，是指该组织发生的除经营支出、税金及附加、管理费用、公益支出、所得税费用以外的支出。

2.内容

其他支出包括生物资产的死亡毁损支出、损失，固定资产及存货等的盘亏、损失，防灾抢险支出，罚款支出，捐赠支出，确实无法收回的应收款项损失，借款利息支出等。

3.账户及账簿设置

农村集体经济组织应设置损益类账户"其他支出"，并按照其他支出的项目设置明细科目，进行明细核算。

（二）其他支出的账务处理

农村集体经济组织其他支出业务的账务处理见表4-11。

表4-11　　　　　　　　　　　　其他支出业务的账务处理

经济业务	账务处理
（1）发生	借：其他支出 　贷：库存现金/银行存款/内部往来/应收款/库存物资/在建工程/固定资产清理/长期待摊费用/待处理财产损溢/应付款/应付工资/应付劳务费/应交税费等
（2）期末结转	借：本年收益 　贷：其他支出

【工作实例4-23】发生防洪灾物资费用

2025年3月31日，新村经济合作社向幸福村小学捐赠15 000元，款项以银行存款付讫。会计分录为：

借：其他支出——捐赠支出　　　　　　　　　　　　　　　15 000

　　贷：银行存款　　　　　　　　　　　　　　　　　　　　　　15 000

【工作实例4-24】结转其他支出

2025年3月31日，新村经济合作社对其他支出本期借方余额15 000元进行结转，会计分录为：

借：本年收益　　　　　　　　　　　　　　　　　　　　15 000

　　贷：其他支出　　　　　　　　　　　　　　　　　　　　　15 000

五、税金及附加的核算

（一）认识税金及附加

1.概念

农村集体经济组织的税金及附加，是指该组织从事生产经营活动按照税法的有关规定应负担的消费税、城市维护建设税、资源税、房产税、城镇土地使用税、车船税、印花税、教育费附加及地方教育附加等相关税费。

2.账户及账簿设置

农村集体经济组织应设置损益类账户"税金及附加"，按照税费种类设置明细科目，进行明细核算。

（二）税金及附加的账务处理

农村集体经济组织税金及附加业务的账务处理见表4-12。

表4-12　　　　　　　　　　　　税金及附加业务的账务处理

经济业务	账务处理
（1）发生	借：税金及附加 　贷：应交税费
（2）期末结转	借：本年收益 　贷：税金及附加

【工作实例4-25】发生消费税

2025年3月10日，新村经济合作社对外销售应税产品一批，按照税法规定应缴纳消费税1 000元；3月18日，以银行存款缴纳1 000元的消费税。会计分录为：

（1）3月10日，计算消费税时：

借：税金及附加——消费税　　　　　　　　　　　　　　　　1 000

　　贷：应交税费——应交消费税　　　　　　　　　　　　　　　　1 000

（2）3月18日，缴纳消费税时：

借：应交税费——应交消费税　　　　　　　　　　　　　　　1 000

　　贷：银行存款　　　　　　　　　　　　　　　　　　　　　　1 000

【工作实例4-26】期末结转

2025年3月31日，新村经济合作社将本期税金及附加借方余额1 000元进行结转，会计分录为：

借：本年收益　　　　　　　　　　　　　　　　　　　　　1 000

　　贷：税金及附加　　　　　　　　　　　　　　　　　　　　　1 000

六、应交税费的核算

（一）认识应交税费

1.概念

农村集体经济组织的应交税费，是指该组织按照税法等规定计算应缴纳的各项税费。

2.内容

应交税费包括增值税、消费税、城市维护建设税、资源税、土地增值税、教育费附加和地方教育附加以及企业所得税等。

3.账户及账簿设置

农村集体经济组织应设置负债类账户"应交税费"，按照应缴纳的税费项目，进行明细核算。代扣代缴的个人所得税等也通过此科目核算。

（二）应交税费的账务处理

1.增值税的账务处理

《中华人民共和国增值税法》规定，在中华人民共和国境内销售货物、服务、无形资产、不动产，以及进口货物的单位和个人（包括个体工商户），为增值税的纳税人，应当依照规定缴纳增值税。

农村集体经济组织发生增值税应税业务时，应通过"应交税费——应交增值税"科目进行核算，相关账务处理见表4-13。

政策点拨4-1

《中华人民共和国增值税法》

政策点拨4-2

《中华人民共和国增值税暂行条例》

表4-13　　　　　　　　　　**增值税业务的账务处理**

经济业务	账务处理	
	小规模纳税人	一般纳税人
（1）购买	借：库存物资等　　 　　贷：银行存款	借：库存物资等 　　应交税费——应交增值税（进项税额） 　　贷：银行存款

续表

经济业务	账务处理	
	小规模纳税人	一般纳税人
（2）确认销售收入	借：银行存款/应收款等 　　贷：经营收入 　　　　应交税费——应交增值税	借：银行存款/应收款等 　　贷：经营收入 　　　　应交税费——应交增值税（销项税额）
（3）缴纳	借：应交税费——应交增值税 　　贷：银行存款	借：应交税费——未交增值税 　　贷：银行存款

特别提示4-3

农村集体经济组织发生增值税应税业务时，需特别注意其享有的国家特殊税收优惠政策。

【工作实例4-27】银行存款采购化肥（小规模纳税人进项税额直接计入成本）

2025年3月10日，新村经济合作社采购一批化肥用于种植水稻，取得增值税专用发票注明金额100 000元、税额9 000元，价税合计109 000元，已通过银行存款支付。会计分录为：

借：库存物资——化肥　　　　　　　　　　　　　　　　　　109 000

　　贷：银行存款　　　　　　　　　　　　　　　　　　　　　　109 000

【工作实例4-28】销售经深加工处理的芒果干（不免税）

2025年3月17日，新村经济合作社销售经过深加工处理的芒果干，款项114 130元（含税），已通过银行转账收到。该批芒果干的成本为70 000元。会计分录为：

（1）若不考虑税费：

①销售芒果干时：

借：银行存款　　　　　　　　　　　　　　　　　　　　　　114 130

　　贷：经营收入——销售收入（芒果干）　　　　　　　　　　114 130

②结转成本时：

借：经营支出——销售成本（芒果干）　　　　　　　　　　　70 000

　　贷：库存物资——产成品（芒果干）　　　　　　　　　　　70 000

（2）若新村经济合作社为小规模纳税人：

①销售芒果干时：

销售芒果干不含税收入=114 130÷（1+1%）=113 000（元）

应交增值税=113 000×1%=1 130（元）

借：银行存款　　　　　　　　　　　　　　　　　　　　　　114 130

　　贷：经营收入——销售收入（芒果干）　　　　　　　　　　113 000

　　　　应交税费——应交增值税　　　　　　　　　　　　　　1 130

②结转成本时：

借：经营支出——销售成本（芒果干）　　　　　　　　　　　70 000

　　贷：库存物资——产成品（芒果干）　　　　　　　　　　　70 000

【工作实例4-29】出租汽车取得收入

2025年3月11日，新村经济合作社将一辆货车出租给东方红汽车运营公司，租金每月2 000元（含税），当月租金已经通过银行收讫。会计分录为：

（1）若不考虑税费：

借：银行存款　　　　　　　　　　　　　　　　　　　2 000
　　贷：经营收入——出租收入　　　　　　　　　　　　　　　2 000

（2）若新村经济合作社为小规模纳税人：

出租收入=2 000÷（1+1%）=1 980.2（元）

应交增值税=2 000-1 980.2=19.8（元）

借：银行存款　　　　　　　　　　　　　　　　　　　2 000
　　贷：经营收入——出租收入　　　　　　　　　　　　　　1 980.2
　　　　应交税费——应交增值税　　　　　　　　　　　　　　19.8

【工作实例4-30】缴纳应交未交增值税

2025年3月3日，新村经济合作社缴纳2月应交未交增值税8 000元，已用银行存款支付。会计分录为：

借：应交税费——应交增值税　　　　　　　　　　　　8 000
　　贷：银行存款　　　　　　　　　　　　　　　　　　　　8 000

2.代扣代缴个人所得税的账务处理

农村集体经济组织代扣代缴个人所得税业务的账务处理见表4-14。

表4-14　　　　　　　　代扣代缴个人所得税业务的账务处理

经济业务	账务处理
（1）代扣代缴个人所得税	借：应付工资/应付劳务费 　　贷：应交税费——应交个人所得税
（2）缴纳个人所得税	借：应交税费——应交个人所得税 　　贷：银行存款

【工作实例4-31】支付临时性劳务人员工资及代扣代缴个人所得税

2025年1月1日，新村经济合作社因组织元旦大型乡村文化活动需要安排临时用工，支付临时劳务人员工资10 000元，按规定应代扣代缴个人所得税400元，均以银行存款支付。会计分录为：

（1）若不考虑税费，则无须计算应交税费：

①确认劳务费用：

借：公益支出——乡村文化活动　　　　　　　　　　10 000
　　贷：应付劳务费——乡村文化活动　　　　　　　　　　10 000

②支付劳务费用：

借：应付劳务费——乡村文化活动　　　　　　　　　10 000
　　贷：银行存款　　　　　　　　　　　　　　　　　　10 000

（2）若新村经济合作社为小规模纳税人：

①确认劳务费用：

借：公益支出——乡村文化活动　　　　　　　　　　　　　　10 000

　　贷：应付劳务费——乡村文化活动　　　　　　　　　　　　　　　10 000

②支付劳务费用并代扣代缴个人所得税：

借：应付劳务费——乡村文化活动　　　　　　　　　　　　　10 000

　　贷：应交税费——应交个人所得税　　　　　　　　　　　　　　　　400

　　　　银行存款　　　　　　　　　　　　　　　　　　　　　　　9 600

③缴纳个人所得税：

借：应交税费——应交个人所得税　　　　　　　　　　　　　　　400

　　贷：银行存款　　　　　　　　　　　　　　　　　　　　　　　　400

3.其他应交税费的账务处理

知识拓展4-2

除增值税外，根据税法规定，农村集体经济组织还可能涉及核算应缴纳的消费税、城市维护建设税、资源税、土地增值税、房产税、车船税、城镇土地使用税、教育费附加、印花税、耕地占用税、环境保护税、契税、车辆购置税、企业所得税等。

农村集体经济组织其他应交税费业务的账务处理见表4-15。

农村集体经济组织各项税费的适用情况及优惠政策

表4-15　　　　　　　　　　　　其他应交税费业务的账务处理

经济业务	账务处理
（1）计提其他应交税费	借：税金及附加 　　贷：应交税费（需要加上明细科目）
（2）计提企业所得税	借：所得税费用 　　贷：应交税费——应交企业所得税
（3）实际缴纳税费	借：应交税费 　　贷：银行存款

【工作实例4-32】计提并缴纳其他应交税费

2025年1月31日，假设新村经济合作社当月应实际缴纳增值税3 000元，计算合作社当月应缴纳的城市维护建设税、教育费附加和地方教育附加，并写出相应的会计分录。

（1）计提其他应交税费：

应交城市维护建设税=3 000×1%×50%=15（元）

应交教育费附加=3 000×3%×50%=45（元）

应交地方教育附加=3 000×2%×50%=30（元）

借：税金及附加　　　　　　　　　　　　　　　　　　　　　　　90

　　贷：应交税费——应交城市维护建设税　　　　　　　　　　　　　　15

　　　　　　　　——应交教育费附加　　　　　　　　　　　　　　　　45

　　　　　　　　——应交地方教育附加　　　　　　　　　　　　　　　30

（2）实际缴纳税费：

借：应交税费——应交城市维护建设税　　　　　　　　　　　15

　　　　　——应交教育费附加　　　　　　　　　　　　　45

　　　　　——应交地方教育附加　　　　　　　　　　　　30

　　贷：银行存款　　　　　　　　　　　　　　　　　　　　　90

政策依据4-2

《中华人民共和国城市维护建设税法》（中华人民共和国主席令第五十一号）第四条规定：（一）纳税人所在地在市区的，税率为百分之七；（二）纳税人所在地在县城、镇的，税率为百分之五；（三）纳税人所在地不在市区、县城或者镇的，税率为百分之一。《关于进一步支持小微企业和个体工商户发展有关税费政策的公告》（财政部 税务总局公告2023年第12号）规定，自2023年1月1日至2027年12月31日，对增值税小规模纳税人、小型微利企业和个体工商户减半征收资源税（不含水资源税）、城市维护建设税、房产税、城镇土地使用税、印花税（不含证券交易印花税）、耕地占用税和教育费附加、地方教育附加。

任务五　折旧和摊销业务的核算

知识精讲4-5

折旧和摊销业务的核算

一、固定资产折旧和后续支出的核算

（一）固定资产折旧的核算

1.认识固定资产折旧

（1）概念：农村集体经济组织的固定资产折旧，是指在固定资产的使用寿命内，依照确定的方法对应计折旧额进行系统分摊。

（2）影响固定资产折旧的主要因素：

①固定资产原价，是指固定资产的初始取得成本。

②预计净残值，是指固定资产的预计残值收入减去预计清理费用后的余额。

③预计使用年限或预计完成工作量。

知识拓展4-3

如何计提固定资产折旧

（3）折旧时间：按月计提折旧。

（4）折旧要求：

①当月增加，当月不提折旧，下月计提。

②当月减少，当月仍提折旧，下月不提。

③提足折旧，无论是否使用，均不再提。

④提前报废，不再补提。

⑤名义金额计价，不提折旧。

（5）折旧方法：

①年限平均法。年限平均法又称直线法，是指将农村集体经济组织固定资产的应计折旧额均衡地分摊到固定资产预计使用寿命内的一种方法。其计算公式如下：

年折旧率=（1-预计净残值率）÷预计使用寿命（年）×100%

月折旧率=年折旧率÷12

月折旧额=固定资产原价×月折旧率

【工作实例4-33】年限平均法计算折旧

新村经济合作社有一辆面包车，原值40 000元，预计净残值4 000元，预计可使用4年，按年限平均法计算折旧。

该面包车年折旧额和月折旧率、月折旧额计算如下：

① 年折旧额=（40 000-4 000）÷4=9 000（元）

② 年折旧率=（1-4 000÷40 000）÷4×100%=22.5%

③ 月折旧率=22.5%÷12=1.875%

④ 月折旧额=40 000×1.875%=750（元）

② 工作量法。工作量法是按照农村集体经济组织固定资产在使用年限内能够提供的工作量计算折旧额的一种方法。其具体计算公式如下：

$$单位工作量折旧额=\frac{固定资产原值×（1-预计净残值率）}{预计总工作量}$$

月折旧额=某月实际完成工作量×单位工作量折旧额

【工作实例4-34】工作量法计算折旧

新村经济合作社有一台水稻收割机，原价44 000元，预计可以使用40 000小时，预计净残值4 000元，本月实际使用该水稻收割机375小时。该水稻收割机的月折旧额计算如下：

① 每小时折旧额=（44 000-4 000）÷40 000=1（元）

② 各月折旧额=375×1=375（元）

2.固定资产折旧的账务处理

农村集体经济组织固定资产折旧业务的账务处理见表4-16。

表4-16　　　　　　　　　　固定资产折旧业务的账务处理

经济业务	账务处理
计提固定资产折旧	借：生产（劳务）成本（生产经营用） 　　管理费用（管理用） 　　公益支出（公益性用途） 　贷：累计折旧

【工作实例4-35】计提固定资产折旧

2025年3月31日，新村经济合作社本月应计提固定资产折旧5 000元，其中生产经营用固定资产计提折旧2 500元，管理用固定资产计提折旧1 000元，公益性固定资产计提折旧1 500元。会计分录为：

借：生产（劳务）成本　　　　　　　　　　　　　　　　　　2 500

　　管理费用　　　　　　　　　　　　　　　　　　　　　　1 000

　　公益支出　　　　　　　　　　　　　　　　　　　　　　1 500

　贷：累计折旧　　　　　　　　　　　　　　　　　　　　　　5 000

（二）固定资产后续支出的核算

1.认识固定资产后续支出

农村集体经济组织固定资产的后续支出分为修理费用和改扩建支出。

（1）修理费用，是指为保持固定资产的正常运转和使用而恢复固定资产原有性能的行为，产生的修理费应当在发生时计入当期费用。

（2）改扩建支出，是指改变固定资产结构、延长使用年限等发生的支出，应当计入固定资产的成本。具体账务处理见【工作实例3-27】。

2.固定资产后续支出的账务处理

农村集体经济组织固定资产后续支出业务的账务处理见表4-17。

表4-17　　　　　　　　　　　　固定资产后续支出业务的账务处理

经济业务	账务处理
发生修理费	借：经营支出（生产经营用） 　　　管理费用（管理用） 　　　公益支出（公益性用途） 　　贷：库存现金/银行存款

【工作实例4-36】水稻收割机发生修理支出

2025年3月10日，新村经济合作社以银行存款支付生产用水稻收割机修理费1 500元，办公用电脑、打印机修理费1 000元，村老年饭堂修理费2 000元。会计分录为：

借：经营支出　　　　　　　　　　　　　　　　　　　　　　1 500
　　管理费用　　　　　　　　　　　　　　　　　　　　　　1 000
　　公益支出　　　　　　　　　　　　　　　　　　　　　　2 000
　　贷：银行存款　　　　　　　　　　　　　　　　　　　　　　4 500

二、无形资产摊销的核算

（一）认识无形资产摊销

（1）摊销时间：按月计提摊销。

（2）摊销要求：

① 当月增加，当月开始摊销。

② 当月减少，当月不再摊销。

③ 名义金额计价的无形资产不应摊销。

（3）摊销方法：年限平均法。

（4）摊销期：自可供使用时开始至停止使用或出售时止，符合有关法律法规规定或合同约定的使用年限。不能可靠估计无形资产使用寿命的，摊销期不得低于10年。

（二）无形资产摊销的账务处理

无形资产摊销业务的账务处理见表4-18。

表4-18   无形资产摊销业务的账务处理

经济业务	账务处理
无形资产摊销	借：生产（劳务）成本（生产经营类） 　　管理费用（非生产经营类） 　贷：累计摊销

【工作实例4-37】计提无形资产摊销

2025年3月31日，新村经济合作社采用年限平均法对本月购买的荔枝树嫁接技术进行摊销，原值12 000元，预计使用5年。会计分录为：

月摊销额=12 000÷（5×12）=200（元）

借：生产（劳务）成本——无形资产摊销   200

　贷：累计摊销——荔枝树嫁接专利技术   200

三、生产性生物资产折旧的核算

成熟的生产性生物资产进入正常生产期后应按期计提折旧，以便与其带来的经济利益流入相配比。

（一）认识生产性生物资产折旧

（1）折旧方法：年限平均法或工作量法。

（2）折旧时间：按月计提折旧。

（3）折旧要求：

①当月增加，当月不提，下月计提。

②当月减少，当月仍提，下月不提。

③提足折旧，无论是否使用，均不再提。

④提前报废，不再补提。

⑤名义金额计价，不提折旧。

特别提示4-4

　生产性生物资产折旧与固定资产折旧知识要点类似。

（二）生产性生物资产折旧的账务处理

生产性生物资产折旧业务的账务处理见表4-19。

表4-19   生产性生物资产折旧业务的账务处理

经济业务	账务处理
计提折旧	借：生产（劳务）成本/经营支出 　贷：生产性生物资产累计折旧

【工作实例4-38】对种猪计提折旧

2025年3月31日，新村经济合作社对上月购入的10头种猪计提折旧，种猪入账价值25 000元，折旧年限为5年，预计残值率为5%，采用年限平均法计提折旧。会计分录为：

当月应计提的折旧=25 000×（1-5%）÷（5×12）=395.83（元）

借：经营支出　　　　　　　　　　　　　　　　　　395.83

　　贷：生产性生物资产累计折旧——种猪　　　　　　　　395.83

四、长期待摊费用的核算

（一）认识长期待摊费用

农村集体经济组织的长期待摊费用，是指已经发生、不能全部计入当年损益，但应由本期和以后各期负担的分摊期限在1年以上的各项费用，包括已提足折旧的固定资产的改建支出和其他长期待摊费用等。

（二）长期待摊费用的账务处理

长期待摊费用业务的账务处理见表4-20。

表4-20　　　　　　　　　　长期待摊费用业务的账务处理

经济业务	账务处理
长期待摊费用	① 发生长期待摊费用： 借：长期待摊费用 　　贷：库存现金/银行存款/库存物资 ② 按月摊销费用： 借：生产（劳务）成本/管理费用/其他支出 　　贷：长期待摊费用

【工作实例4-39】对租入的库房进行改建装修

2025年3月17日，新村经济合作社对租入的库房进行改建装修，租期为2年，以银行存款支付装修费100 000元，并对该费用进行2年的摊销，编制会计分录为：

（1）支付改建支出：

借：长期待摊费用——改建支出　　　　　　　　　　100 000

　　贷：银行存款　　　　　　　　　　　　　　　　　　100 000

（2）按月摊销费用：

按月摊销费用=100 000÷2÷12=4 166.67（元）

借：生产（劳务）成本　　　　　　　　　　　　　　4 166.67

　　贷：长期待摊费用——改建支出　　　　　　　　　　4 166.67

任务六　生物资产后续支出的核算

知识精讲4-6

一、消耗性生物资产后续支出的账务处理

消耗性生物资产后续支出业务的账务处理见表4-21。

生物资产后续支出的核算

表4-21　　　　　　　　　　消耗性生物资产后续支出业务的账务处理

经济业务	账务处理
（1）生产经营过程中发生的费用	借：消耗性生物资产 　　贷：生产（劳务）成本
（2）林木类郁闭后发生的管护费用等（费用化）	借：其他支出 　　贷：库存现金/银行存款/库存物资/应付工资/应付劳务费等
（3）择伐、间伐或抚育更新性质采伐而补植林木类发生的后续支出（资本化）	借：消耗性生物资产 　　贷：库存现金/银行存款/库存物资/应付工资/应付劳务费等

【工作实例4-40】对四季豆进行施肥

2025年3月10日，新村经济合作社组织人员对四季豆进行施肥，共领用化肥50袋，成本4 000元。会计分录为：

（1）领用化肥时：

借：生产（劳务）成本——四季豆　　　　　　　　　　　　　　　　4 000

　　贷：库存物资——化肥　　　　　　　　　　　　　　　　　　　　　4 000

（2）结转成本时：

借：消耗性生物资产——四季豆　　　　　　　　　　　　　　　　　4 000

　　贷：生产（劳务）成本——四季豆　　　　　　　　　　　　　　　　4 000

【工作实例4-41】对培植的沃柑树苗进行择伐

2025年3月17日，新村经济合作社聘请临时工对培植的沃柑树苗进行择伐，然后补植沃柑树苗，以银行存款支付沃柑树苗款3 500元，应付临时工村民补植劳务费1 500元，会计分录为：

借：消耗性生物资产——沃柑树苗培育　　　　　　　　　　　　　　5 000

　　贷：银行存款　　　　　　　　　　　　　　　　　　　　　　　　　3 500

　　　　应付劳务费　　　　　　　　　　　　　　　　　　　　　　　　1 500

特别提示4-5

生产经营过程中的择伐然后补植产生的支出应计入消耗性生物资产的成本。

【工作实例4-42】对郁闭后的培植沃柑树苗进行管护

2025年3月18日，新村经济合作社对已郁闭的培植沃柑树苗进行管护，应付合作社养护人员工资2 000元。会计分录为：

借：其他支出　　　　　　　　　　　　　　　　　　　　　　　　　2 000

　　贷：应付工资　　　　　　　　　　　　　　　　　　　　　　　　　2 000

特别提示4-6

郁闭后发生的管护费用应记入"其他支出"账户。

二、生产性生物资产后续支出的账务处理

生产性生物资产后续支出业务的账务处理见表4-22。

表4-22　　　　　生产性生物资产后续支出业务的账务处理

经济业务	账务处理
（1）择伐、间伐或抚育更新等生产性采伐而补植林木类发生的后续支出（因经过培植或饲养，其价值能够继续增加，后续支出应资本化，计入成本）	借：生产性生物资产 　　贷：库存现金/银行存款/库存物资/应付工资/应付劳务费等
（2）达到预定生产经营目的后发生的管护、饲养费用等（费用化）	借：经营支出 　　贷：库存现金/银行存款/库存物资/应付工资/应付劳务费等

【工作实例4-43】对果园中种植的沃柑树进行间伐补植

2025年4月18日，新村经济合作社聘请临时工对果园中种植的沃柑树进行间伐，然后补植沃柑树，应支付劳务费1 000元。会计分录为：

借：生产性生物资产　　　　　　　　　　　　　　　　　　　1 000
　　贷：应付劳务费　　　　　　　　　　　　　　　　　　　　1 000

【工作实例4-44】为待产的母猪进行除虫

2025年4月21日，新村经济合作社为待产的5头母猪进行除虫，用银行存款购买除虫药物1 500元。会计分录为：

借：经营支出——生产性生物资产后续支出（母猪）　　　　　1 500
　　贷：银行存款　　　　　　　　　　　　　　　　　　　　　1 500

三、公益性生物资产后续支出的账务处理

公益性生物资产后续支出业务的账务处理见表4-23。

表4-23　　　　　公益性生物资产后续支出业务的账务处理

经济业务	账务处理
（1）择伐、间伐或抚育更新等生产性采伐而补植林木类产生的后续支出（资本化）	借：公益性生物资产 　　贷：库存现金/银行存款/库存物资/应付工资/应付劳务费等
（2）郁闭后发生的管护费用等其他后续支出（费用化）	借：其他支出 　　贷：库存现金/银行存款/库存物资/应付工资/应付劳务费等

【工作实例4-45】对本村保持水土的杨柳树苗进行择伐后补植

2025年3月24日，新村经济合作社聘请临时工对本村保持水土的杨柳树苗进行择伐后补植，用现金支付劳务费800元。会计分录为：

（1）确认后续支出时：

借：公益性生物资产 800

　　贷：应付劳务费 800

（2）支付劳务费用时：

借：应付劳务费 800

　　贷：库存现金 800

【工作实例4-46】对郁闭后的景观园林进行养护

2025年3月28日，新村经济合作社聘请临时工对郁闭后的景观园林进行养护，应支付临时工劳务费用2 000元，领用化肥1 500元，款项尚未支付。会计分录为：

借：其他支出 3 500

　　贷：应付劳务费 2 000

　　　　库存物资——化肥 1 500

项目实施

针对"项目导入"中的经济业务，相关账务处理程序如下：

第一步：库存物资领用——化肥。

（1）业务流程：化肥成本分配采用先进先出法计算。

化肥成本=2×3 100+3×3 300=16 100（元）

（2）会计分录为：

借：生产（劳务）成本——生态茶园 16 100

　　贷：库存物资——化肥 16 100

第二步：临时工劳务费发放核算。

（1）业务流程：计算应付劳务费。

应付劳务费=20×15×150=45 000（元）

（2）会计分录为：

借：生产（劳务）成本——秋收作业 45 000

　　贷：应付劳务费 45 000

第三步：收割机租赁核算。

（1）业务流程：小规模纳税人不允许抵扣增值税进项税额，进项税额直接计入成本。

（2）会计分录为：

借：生产（劳务）成本——机械作业 8 000

　　贷：银行存款 8 000

第四步：支付办公室电费（管理费用）。

（1）业务流程：确认电费支出。

（2）会计分录为：

借：管理费用——办公费 1 850

　　　贷：银行存款　　　　　　　　　　　　　　　　　　　　　1 850

第五步：苹果树病虫害防治。

（1）业务流程：

① 确认苹果树病虫害防治是否属于资本化支出。

② 苹果树已经成林产果，该支出属于生物资产养护，应费用化。

（2）会计分录为：

借：经营支出　　　　　　　　　　　　　　　　　　　　　　6 500

　　　贷：银行存款　　　　　　　　　　　　　　　　　　　　　6 500

育德润心

秭归县郭家坝镇擂鼓台村：脐橙产业的成本与支出核算

　　擂鼓台村是脐橙专业村，种植面积达9 000多亩，年产值过亿元。2019年以前，村集体经济薄弱，服务能力有限。为解决"一家一户"农业生产投入贵、用工难、销售不畅等问题，村党组织发挥政治和组织优势，做实做强村集体经济。

　　农资团购配送：村集体与优质农资生产企业深度合作，采取"两头直达"方式，统一团购配送化肥、农药等农资，降低果农生产成本。2022年，为全村果农节约成本30万元，村集体增收18万元。在核算过程中，村集体记录采购成本、运输费用等支出，并合理分摊到各个果农的生产成本中，确保成本核算的准确性。

　　农事代种代管：村集体组建127人的采果服务队，出资16万元购买2台无人机，培养6名专业植保飞防员，引导柑农种植绿肥、自制农家肥、增施有机肥，解决果农种植管理难题，提升果品质量。在核算时，村集体将购买无人机、支付工人工资等费用计入生产成本，并通过果农的收益增加来体现成本效益。

　　农产品代收代售：村集体与农夫山泉、拼好果等优质企业深度合作，培育电商达人、市场主体，引入物流企业驻点，服务村民和果园，实现果农累计增收600余万元。在核算过程中，村集体将代收代售的费用、物流成本等计入经营支出，并通过销售收入的增加来平衡成本，实现村集体经济的可持续发展。

　　通过以上措施，擂鼓台村有效降低了生产成本，增加了村集体和果农的收入，实现了村集体经济的快速发展。在生产过程中，村集体严格进行成本和支出核算，确保每一笔费用都合理、合规，为村集体经济的健康发展提供了有力保障。

　　资料来源：佚名. 十种村集体经济发展创收模式和典型案例［EB/OL］.［2023-08-24］. http：//nt.jsnc.gov.cn/xwzx/xwdt/2023/08/24100555528.html.

　　德育要素：团结协作　诚实守信

　　职业点拨：农村集体经济组织的财务人员必须强化责任意识与专业能力，通过精准的成本核算与财务管理，助力村集体经济健康发展，同时树立为集体谋福祉的职业价值观。

项目测试4-1
在线答题

项目测试4-2
拓展练习

✏️ 项目测试

一、单选题

1.农村集体经济组织库存物资发出的计价方法不包括（　　　）。

A.先进先出法　　　　B.加权平均法　　　　C.个别计价法　　　　D.后进先出法

2.农村集体经济组织验收入库产成品时，应贷记（　　　）科目。

A."经营收入"　　　　　　　　　B."生产（劳务）成本"

C."库存现金"　　　　　　　　　D."应付款"

3.农村集体经济组织的经营支出不包括（　　　）。

A.销售商品的成本　　　　　　　B.生产性生物资产的管护费用

C.出租固定资产的折旧　　　　　D.行政管理人员的工资

4.公益支出主要用于（　　　）。

A.对外捐赠　　　　　　　　　　B.集体内部公益福利事业

C.生产经营活动　　　　　　　　D.基础设施建设

5.某固定资产原值50 000元，预计净残值5 000元，预计使用5年，按年限平均法计算的年折旧额为（　　　）元。

A.10 000　　　　　　B.8 000　　　　　　C.9 000　　　　　　D.11 000

二、多选题

1.加权平均法的缺点包括（　　　）。

A.计算过程复杂　　　　　　　　B.平时看不到材料结存价值

C.成本计算不准确　　　　　　　D.月末才能计算单价

2.农村集体经济组织选择存货计价方法时应考虑的因素包括（　　　）。

A.存货性质　　　　B.管理要求　　　　C.核算成本　　　　D.物价波动情况

3.发生管理费用时可能贷记的科目有（　　　）。

A."库存物资"　　　B."应付工资"　　　C."累计折旧"　　　D."长期待摊费用"

4.关于费用核算，下列说法正确的有（　　　）。

A.经营支出期末转入本年收益　　　B.公益支出计入生产成本

C.其他支出包括资产盘亏损失　　　D.费用一般在发生时计入当期损益

5.影响固定资产折旧的主要因素包括（　　　）。

A.固定资产原价　　　　　　　　B.预计净残值

C.预计使用年限　　　　　　　　D.市场利率

三、判断题

1.农村集体经济组织选定存货计价方法后可以随时变更。　　　　　　　　　（　　　）

2.个别计价法的工作量较大，但计算结果最准确。　　　　　　　　　　　　（　　　）

3.防灾抢险支出应计入经营支出。　　　　　　　　　　　　　　　　　　　（　　　）

4.管理用固定资产的修理费应计入管理费用。　　　　　　　　　　　　　　（　　　）

5.采用工作量法计提折旧时，每月折旧额是固定不变的。　　　　　　　　　（　　　）

四、业务题

1.某农村集体经济组织有一台拖拉机，原值60 000元，预计净残值6 000元，预计可使用5年。请用年限平均法计算：

（1）年折旧额。

（2）月折旧额。

（3）年折旧率。

2.2025年3月6日，某经济合作社对原有仓库进行扩建，该仓库原值42 000元，已提折旧19 000元。购入所需各种改扩建用材料，用银行存款支付金额共计32 500元，建设过程中材料全部领用。发生外聘劳务人员劳务费14 000元，尚未支付。工程完工后验收合格交付使用，扩建后仓库预计可使用20年。（暂不考虑税费）

要求：请根据以上内容进行账务处理。

（1）固定资产扩建时。

（2）购入建筑材料时。

（3）领用建筑材料时。

（4）计算劳务费时。

（5）工程完工，验收合格交付使用时。

项目评价

本项目评价见表4-24。

表4-24　　　　　　　　　　项目评价表

项目名称		生产过程的核算		
	评价要点	学生自评（50%）	教师评价（50%）	评分标准说明
知识掌握（30分）	掌握库存物资发出的计价方法（10分）			优秀（9~10分）：全面掌握知识，技能熟练，素养突出，能独立解决复杂问题
	掌握生产（劳务）成本、生产费用核算的内容（10分）			良好（7~8分）：知识较扎实，技能达标，素养良好，需在部分领域提升
	掌握固定资产折旧、生产性生物资产折旧、无形资产摊销、长期待摊费用的概念和计算方法（10分）			合格（5~6分）：基本达到要求，但存在知识漏洞或技能不足，需要有针对性改进
技能应用（40分）	能熟练计算库存物资发出的成本（10分）			待提高（5分以下）：核心知识/技能缺失，需要系统化补足基础
	能完成生产（劳务）成本、生产费用的账务处理（10分）			

续表

评价要点		学生自评（50%）	教师评价（50%）	评分标准说明
技能应用（40分）	能完成固定资产折旧的计算和账务处理、无形资产摊销和长期待摊费用的账务处理（10分）			• 优秀（9~10分）：全面掌握知识，技能熟练，素养突出，能独立解决复杂问题 • 良好（7~8分）：知识较扎实，技能达标，素养良好，需在部分领域提升 •合格（5~6分）：基本达到要求，但存在知识漏洞或技能不足，需要有针对性改进 •待提高（5分以下）：核心知识/技能缺失，需要系统化补足基础
	能完成生产性生物资产折旧的计算和账务处理，以及生物资产后续支出的账务处理（10分）			
素质养成（30分）	具有严谨细致、客观公正的会计职业素养（10分）			
	具有廉洁自律、诚实守信的会计职业道德（10分）			
	具有服务农村、助力集体经济发展的职业意识（10分）			
综合评价成绩（100分）				

学生自评：

学生签字：

教师评语：

教师签字：

项目五　销售过程的核算

知识目标

1. 掌握经营收入确认原则及销售过程各类收入的核算方法。
2. 熟悉应收款、应付款与内部往来的核算内容及差异。
3. 理解增值税处理规则与资产处置的账务逻辑。

技能目标

1. 能规范完成经营收入、其他收入等经营业务的账务处理。
2. 能准确核算应收款项核销、应付款豁免等特殊业务。
3. 能依法完成增值税申报及免税业务的账务处理。
4. 能规范完成处置生物资产、固定资产、无形资产的账务处理。
5. 能规范完成往来业务的账务处理。

素养目标

1. 筑牢依法纳税意识，恪守"不做假账"的职业底线。
2. 培育契约精神，强化应收应付往来款项的规范管理。
3. 厚植服务集体经济的使命感，助力乡村经济健康发展。

【知识导图】

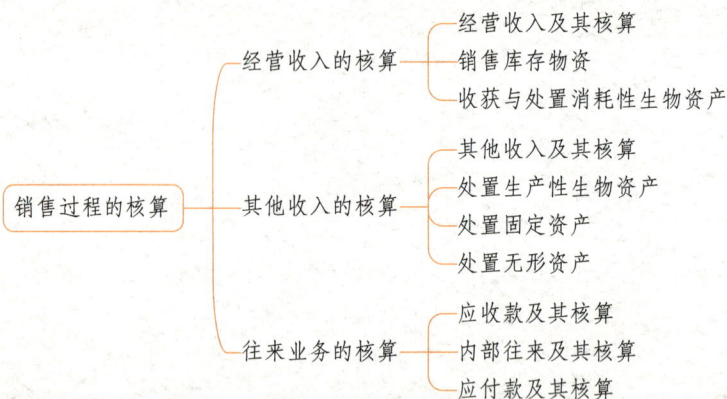

销售过程的核算
- 经营收入的核算
  - 经营收入及其核算
  - 销售库存物资
  - 收获与处置消耗性生物资产
- 其他收入的核算
  - 其他收入及其核算
  - 处置生产性生物资产
  - 处置固定资产
  - 处置无形资产
- 往来业务的核算
  - 应收款及其核算
  - 内部往来及其核算
  - 应付款及其核算

【项目导入】

2025年3月，某村经济合作社迎来蓝莓销售旺季，发生以下业务：

（1）线上电商销售：通过抖音平台销售自产蓝莓，收入50 000元已到账，成本30 000元。

（2）成员预交承包金：成员张三预交2年土地承包金24 000元，承包期自2025年3月起。

（3）固定资产清理：出售蓝莓分选机一台，收到价款5 000元，原值10 000元，累计折旧4 000元，支付清理费500元。

相关原始凭证如下：

（1）电商平台结算单、银行进账单。

（2）承包协议、收款收据。

（3）固定资产清理单据、银行转账凭证。

思考：会计张梅如何做出相关账务处理，完成销售收入、分期确认承包金收入、处理资产处置损益业务的会计核算？

任务一　经营收入的核算

一、经营收入及其核算

（一）认识经营收入

1. 概念

农村集体经济组织的经营收入，是指该组织进行各项生产销售、提供劳务、让渡集体资产资源使用权等经营活动取得的收入。

2. 经营收入的确认条件

农村集体经济组织经营收入的确认条件见表5-1。

表5-1　　　　　　　　　农村集体经济组织经营收入的确认条件

收入类型	定义	确认条件
（1）销售收入	销售产品物资等取得的收入	产品物资已发出，同时已收款或取得收款凭据时确认
（2）劳务收入	对外提供劳务或服务等取得的收入	劳务已提供，同时已收款或取得收款凭据时确认
（3）出租收入	让渡集体资产使用权取得的收入	①收款或取得收款凭据时确认 ②一次收取多期款项的，分摊至各受益期，分期确认
（4）发包收入	让渡集体资源使用权取得的收入	

3.账户和账簿设置

农村集体经济组织应设置损益类账户"经营收入"，并设置"销售收入""劳务收入""出租收入""发包收入"等二级科目，按照经营项目设置明细科目，进行明细核算。

特别提示5-1

收入类账户期末应结转至"本年收益"的借方，结转后无余额。

4.销售过程中增值税的处理原则

（1）农村集体经济组织的免税政策。

①销售自产初级农产品免税：村集体销售的自产初级农产品，包括蔬菜、水果、粮食、活鱼等免征增值税。

②蔬菜流通环节免税：村集体从事蔬菜批发、零售的，免征增值税（包括经清洗、分选等初级加工的蔬菜）。

③鲜活肉蛋产品流通环节免税：销售部分鲜活肉蛋产品（如猪肉、鸡蛋）免征增值税。

④销售农资免税：销售农膜、种子、种苗、化肥、农药、农机，免征增值税。

⑤提供农业服务免税：村集体提供农业机耕、病虫害防治等服务免征增值税。

⑥销售饲料适用13%优惠税率，但豆粕以外的其他粕类饲料产品（如菜籽粕、棉籽粕）免征增值税。

（2）操作说明。

① 免税项目不得开具增值税专用发票，可开具普通发票。

② 证明要齐全：需要留存自产证明（村委盖章）、购销合同、服务合同、成员身份证明等资料备查。

（3）不符合免税政策的内容。

① 销售外购的农业产品不属于免税范围。

② 销售深加工农产品（如咸菜、腊肉、果汁）不属于免税范围。

政策点拨5-1

《农业产品征税范围注释》

（二）经营收入的账务处理

1.确认经营收入的账务处理

农村集体经济组织确认经营收入业务的账务处理见表5-2。

表5-2　　　　　　　　　　　　确认经营收入业务的账务处理

经济业务	账务处理
实现经营收入	借：库存现金/银行存款/应收款/内部往来等 　　贷：经营收入——销售收入/劳务收入/出租收入/发包收入 　　　　应交税费——应交增值税（如有）

【工作实例5-1】销售自产坚果（免税）

2025年3月10日，新村经济合作社出售自产坚果，收取款项总额50 000元已存入银行，该批坚果入库成本为30 000元。会计分录为：

（1）收到出售坚果的收入时：

借：银行存款　　　　　　　　　　　　　　　　　　　　　　50 000

　　贷：经营收入——销售收入　　　　　　　　　　　　　　　50 000

（2）结转成本时：

借：经营支出　　　　　　　　　　　　　　　　　　　　　　30 000

　　贷：库存物资——坚果　　　　　　　　　　　　　　　　　30 000

【工作实例5-2】销售深加工产品（精制茶，不能免税）

2025年3月13日，新村经济合作社销售经过加工处理的茉莉花茶（精制茶），款项100 000元（含税），已通过银行转账收到。该批茉莉花茶的成本为80 000元。会计分录为：

（1）若不考虑税费：

①销售茉莉花茶时：

借：银行存款　　　　　　　　　　　　　　　　　　　　　 100 000

　　贷：经营收入——销售收入（茉莉花茶）　　　　　　　　 100 000

②结转成本时：

借：经营支出——销售成本（茉莉花茶）　　　　　　　　　　80 000

　　贷：库存物资——茉莉花茶　　　　　　　　　　　　　　　80 000

（2）若新村经济合作社为小规模纳税人：

①销售茉莉花茶时：

应交增值税=100 000÷（1+1%）×1%=990.10（元）

销售收入=100 000-990.10=99 009.90（元）

借：银行存款　　　　　　　　　　　　　　　　　　　　　 100 000

　　贷：经营收入——销售收入（茉莉花茶）　　　　　　　　 99 009.90

　　　　应交税费——应交增值税　　　　　　　　　　　　　　990.10

②结转成本时：

借：经营支出——销售成本（茉莉花茶）　　　　　　　　　　80 000

　　贷：库存物资——茉莉花茶　　　　　　　　　　　　　　　80 000

政策依据5-1

《农业产品征税范围注释》（财税字〔1995〕52号）规定，销售深加工农产品不属于免税范围。

【工作实例5-3】实现劳务收入（提供技术培训，免税）

2025年3月12日，新村经济合作社为邻村的农户提供植物保护技术培训服务，取得劳务收入5 000元，已存入银行。会计分录为：

借：银行存款　　　　　　　　　　　　　　　　　　　　　5 000
　　贷：经营收入——劳务收入　　　　　　　　　　　　　　　　5 000

政策依据5-2

《财政部 国家税务总局关于全面推开营业税改征增值税试点的通知》（财税〔2016〕36号）规定，农业机耕、排灌、病虫害防治、植物保护、农牧保险以及相关技术培训业务，家禽、牲畜、水生动物的配种和疾病防治等免征增值税。

【工作实例5-4】实现出租收入（出租收割机，免税）

2025年3月12日，新村经济合作社出租一台2022年购入的收割机给A村用于水稻收割，收到租金8 000元，已存入银行。会计分录为：

借：银行存款　　　　　　　　　　　　　　　　　　　　　8 000
　　贷：经营收入——出租收入　　　　　　　　　　　　　　　　8 000

【工作实例5-5】实现发包收入（发包集体土地）

2025年3月12日，新村经济合作社将村内集体土地承包给本村成员王五，用于坚果种植（免税）。承包金按年支付，每年20 000元，已存入银行。会计分录为：

借：银行存款　　　　　　　　　　　　　　　　　　　　　20 000
　　贷：经营收入——发包收入　　　　　　　　　　　　　　　　20 000

政策依据5-3

《财政部 税务总局关于建筑服务等营改增试点政策的通知》（财税〔2017〕58号）规定，纳税人采取转包、出租等方式将承包地流转给农业生产者用于农业生产，免征增值税。

2.一次收取多期发包或出租款项的账务处理

农村集体经济组织一次收取多期发包或出租款项时，应当将收款金额分摊至各个受益期，分期确认收入，每期确认收入时账务处理见表5-3。

表5-3　　　　　　　一次收取多期发包或出租款项的账务处理

经济业务		账务处理
一次收取多期发包或出租款项	①收到款项时	借：库存现金/银行存款 　　贷：应付款/内部往来
	②分期确认发包或出租收入时	借：应付款/内部往来 　　贷：经营收入——发包收入 　　或：经营收入——出租收入

【工作实例5-6】出租稻田（免税）

2025年3月3日，新村经济合作社将村内稻田承包给邻村村民李明。合同约定：租赁期5年，年租金5 000元，签约时一次性收讫全部租金，款项已通过银行转账到账。会计分录为：

（1）收到承包金：

借：银行存款　　　　　　　　　　　　　　　　　　　　　　　25 000

　　贷：应付款——李明　　　　　　　　　　　　　　　　　　　　　25 000

（2）每年年末确认发包收入时：

借：应付款——李明　　　　　　　　　　　　　　　　　　　　5 000

　　贷：经营收入——发包收入　　　　　　　　　　　　　　　　　5 000

二、销售库存物资

农村集体经济组织销售库存物资业务的账务处理见表5-4。

表5-4　　　　　　　　　　　销售库存物资业务的账务处理

经济业务	账务处理
销售库存物资	借：库存现金/银行存款/应收款等 　　贷：经营收入 借：经营支出 　　贷：库存物资

【工作实例5-7】销售黄豆取得收入（免税）

2025年3月18日，新村经济合作社销售2024年入库的黄豆5 000千克，每千克售价5元，单位成本3.5元，销售收入已转存银行。会计分录为：

（1）确认销售收入：

借：银行存款　　　　　　　　　　　　　　　　　　　　　　　25 000

　　贷：经营收入——销售收入　　　　　　　　　　　　　　　　25 000

（2）结转已销售黄豆的成本：

借：经营支出　　　　　　　　　　　　　　　　　　　　　　　17 500

　　贷：库存物资——黄豆　　　　　　　　　　　　　　　　　　17 500

三、收获与处置消耗性生物资产

收获与处置消耗性生物资产业务的账务处理见表5-5。

表5-5　　　　　　　　　收获与处置消耗性生物资产业务的账务处理

经济业务	账务处理
（1）收获时	借：库存物资　　　　　　　　　　　　（账面价） 　　贷：消耗性生物资产　　　　　　　　（账面价）

续表

经济业务	账务处理
（2）出售	借：库存现金/银行存款/应收款等 　　贷：经营收入等 结转销售成本： 借：经营支出 　　贷：库存物资
（3）转群（幼畜成龄转为产畜或役畜、育肥畜转为产畜或役畜）	借：生产性生物资产　　　　　　　　　　　（账面价） 　　贷：消耗性生物资产　　　　　　　　　（账面价）
（4）对外投资	借：长期投资　　　　　　　　　　　　（评估或协议价） 　　贷：消耗性生物资产　　　　　　　　（评估或协议价）
（5）消耗性生物资产死亡毁损、盘亏	①审批前： 借：待处理财产损溢 　　贷：消耗性生物资产 ②审批后： 借：应收款　　　　　　　　　　　　　（保险公司赔偿） 　　内部往来　　　　　　　　　　　（内部责任人赔偿） 　　库存物资　　　　　　　　　　　　　　　（残料） 　　其他支出　　　　　　　　　　　　　　　（差额） 　　贷：待处理财产损溢

【工作实例5-8】收获自行种植的四季豆

2025年3月5日，新村经济合作社收获自行种植的四季豆3 000千克，种植期间共发生种子、化肥、农药及管护费用5 000元。会计分录为：

借：库存物资——四季豆　　　　　　　　　　　　　　　　　　5 000
　　贷：消耗性生物资产——四季豆　　　　　　　　　　　　　　　　5 000

【工作实例5-9】出售四季豆（免税）

接上例，2025年3月6日，新村经济合作社出售3 000千克四季豆，收取现金7 000元。会计分录为：

（1）确认收入：

借：库存现金　　　　　　　　　　　　　　　　　　　　　　　7 000
　　贷：经营收入——销售收入　　　　　　　　　　　　　　　　　7 000

（2）同时结转成本：

借：经营支出——销售成本　　　　　　　　　　　　　　　　　5 000
　　贷：库存物资——四季豆　　　　　　　　　　　　　　　　　5 000

政策依据5-4

《中华人民共和国增值税暂行条例》和《中华人民共和国增值税暂行条例实施细则》规定，农业生产者销售的自产农产品免征增值税。

【工作实例5-10】将育肥猪对外投资

2025年3月10日，新村经济合作社将自行饲养的50头育肥猪向B村养猪场投资入股，准备长期持有，双方约定的价值为120 000元，会计分录为：

借：长期投资——B村养猪场　　　　　　　　　　　　　　120 000
　　贷：消耗性生物资产——育肥猪　　　　　　　　　　　　　　　　　120 000

【工作实例5-11】将肉牛转为种牛（转群）

2025年3月20日，新村经济合作社经集体决议，将当月购进肉牛中的2头转为种牛，每头单价10 000元，并将其单独作为生产性生物资产管理。会计分录为：

借：生产性生物资产——种牛　　　　　　　　　　　　　　20 000
　　贷：消耗性生物资产——肉牛　　　　　　　　　　　　　　　　　　20 000

【工作实例5-12】育肥猪死亡毁损

2025年3月25日，新村经济合作社自行饲养的育肥猪因病死亡3头，3头育肥猪的账面余额为3 000元；经查，系合作社饲养员工李某看护不当所致。经研究决定，由李某赔偿1 000元，保险公司赔偿1 500元，其余损失由合作社负担，现赔偿款均尚未收到。会计分录为：

（1）审批前：

借：待处理财产损溢——待处理流动资产损溢　　　　　　　3 000
　　贷：消耗性生物资产——育肥猪　　　　　　　　　　　　　　　　　3 000

（2）审批后：

借：应收款——保险公司　　　　　　　　　　　　　　　　1 500
　　内部往来——李某　　　　　　　　　　　　　　　　　1 000
　　其他支出　　　　　　　　　　　　　　　　　　　　　　500
　　贷：待处理财产损溢——待处理流动资产损溢　　　　　　　　　　　3 000

任务二　其他收入的核算

知识精讲5-2

其他收入的核算

一、其他收入及其核算

（一）认识其他收入

1. 概念

农村集体经济组织的其他收入，是指除经营收入、投资收益、补助收入以外的收入，包括资产盘盈收益、确实无法支付的应付款项、存款利息收入等。

2. 账户及账簿设置

农村集体经济组织应设置损益类账户"其他收入"，按照其他收入的来源设置明细科目，进行明细核算。

（二）其他收入的账务处理

农村集体经济组织其他收入业务的账务处理见表5-6。

表5-6　　　　　　　　　　　　　　　**其他收入业务的账务处理**

经济业务	账务处理
（1）发生其他收入时	借：库存现金/银行存款/内部往来/固定资产清理/待处理财产损溢/应付款/长期借款及应付款等 　　贷：其他收入
（2）期末结转	借：其他收入 　　贷：本年收益

【工作实例5-13】收到存款利息

2025年3月31日，新村经济合作社收到农商行本月利息结算收入50元。会计分录为：

借：银行存款——农商行　　　　　　　　　　　　　　　　　　50
　　贷：其他收入——利息收入　　　　　　　　　　　　　　　　　50

二、处置生产性生物资产

处置生产性生物资产业务的账务处理见表5-7。

表 5-7　　　　　　　　　　　　**处置生产性生物资产业务的账务处理**

经济业务	账务处理	
（1）出售	借：银行存款 　　生产性生物资产累计折旧 　　贷：生产性生物资产 借/贷：其他支出/其他收入	（实际收入） （已提折旧） （原值/成本） （差额）
（2）对外投资	借：长期投资 　　生产性生物资产累计折旧 　　贷：生产性生物资产 　　　　应交税费 借/贷：公积公益金	（评估或协议价+相关税费） （已提折旧） （原值/成本） （应支付的相关税费） （差额）
（3）死亡毁损、盘亏	①审批前： 借：待处理财产损溢 　　生产性生物资产累计折旧 　　贷：生产性生物资产 ②审批后： 借：应收款 　　内部往来 　　库存物资 　　贷：待处理财产损溢 　　　　其他支出	（差额） （已提折旧） （原值/成本） （保险公司赔偿） （责任人赔偿） （残料） （差额）

【工作实例5-14】出售种牛

2025年3月12日，新村经济合作社2头种牛（假设符合免征增值税条件）出售，款项30 000元，已经存入银行。该批种牛账面原值25 000元，已提取折旧10 000元。会计分录为：

借：银行存款 30 000

　　生产性生物资产累计折旧——种牛 10 000

　　贷：生产性生物资产——种牛 25 000

　　　　其他收入——处置种牛收入 15 000

【工作实例5-15】以奶牛犊对外投资

2025年3月17日，新村经济合作社将本社50头奶牛犊作价350 000元（含税价）入股B村牛奶加工厂，占股份比例为40%，奶牛犊账面价值为330 000元。会计分录为：

（1）若不考虑税费：

借：长期投资——股权投资（B村牛奶加工厂） 350 000

　　贷：生产性生物资产——奶牛犊 330 000

　　　　公积公益金——非货币性资产投资利得 20 000

（2）若新村经济合作社是小规模纳税人：

应缴纳的增值税=350 000÷（1+1%）×1%＝3 465.35（元）

借：长期投资——股权投资（B村牛奶加工厂） 350 000

　　贷：生产性生物资产——奶牛犊 330 000

　　　　应交税费——应交增值税 3 465.35

　　　　公积公益金——非货币性资产投资利得 16 534.65

【工作实例5-16】盘亏沃柑树

2025年3月17日，新村经济合作社对果园中的沃柑树进行清查盘点时，发现5棵沃柑树枯死，价值9 000元，已计提折旧金额3 000元。经查是合作社管护员工李某管护不当造成，经批准，由李某赔偿5 000元，其余损失由经济合作社负担。会计分录为：

（1）盘点发现损失时：

借：待处理财产损溢——待处理非流动资产损溢 6 000

　　生产性生物资产累计折旧 3 000

　　贷：生产性生物资产——沃柑树 9 000

（2）审批后：

借：内部往来——李某 5 000

　　其他支出——沃柑树损失 1 000

　　贷：待处理财产损溢——待处理非流动资产损溢 6 000

三、处置固定资产

农村集体经济组织固定资产因出售、捐赠、报废、毁损、对外投资及盘亏等原因进行处置的，需要及时调整账面原值，以保持账实相符。

农村集体经济组织出售、报废和毁损固定资产业务的账务处理见表5-8。

表5-8　　　　　　　　　　出售、报废和毁损固定资产业务的账务处理

业务流程	账务处理
（1）转入清理	借：固定资产清理　　　　　　　　　　　　　（差额） 　　累计折旧　　　　　　　　　　　　　　（已提折旧） 　贷：固定资产　　　　　　　　　　　　　　（原值）
（2）确认清理费用	借：固定资产清理 　贷：库存现金/银行存款/应交税费等
（3）确认出售收入和收回残料变价收入	借：银行存款/库存物资 　贷：固定资产清理
（4）确认赔偿责任	借：应收款/内部往来 　贷：固定资产清理
（5）结转清理净损益（此时"固定资产清理"余额为0）	借：固定资产清理 　贷：其他收入　　　　　　　　　　　　　（净收益） 或： 借：其他支出　　　　　　　　　　　　　　（净损失） 　贷：固定资产清理

【工作实例5-17】水稻收割机毁损

2025年4月25日，新村经济合作社一台自有的水稻收割机因暴雨出现毁损，该设备账面原值为30 000元，已提折旧20 000元，有残料500元入库，另用现金支付清理费750元，保险公司赔偿2 500元，目前尚未收到。经批准，净损失计入其他支出。会计分录为：

（1）固定资产转入清理：

借：固定资产清理——水稻收割机　　　　　　10 000
　　累计折旧　　　　　　　　　　　　　　　20 000（已提折旧）
　贷：固定资产——水稻收割机　　　　　　　　　　　　30 000（原值）

（2）残料入库时：

借：库存物资——原材料　　　　　　　　　　　　　　　500
　贷：固定资产清理——水稻收割机　　　　　　　　　　　　500

（3）发生清理费用：

借：固定资产清理——水稻收割机　　　　　　　　　　　750
　贷：库存现金　　　　　　　　　　　　　　　　　　　　750

（4）确认保险理赔时：

借：应收款——保险理赔款　　　　　　　　　　2 500
　贷：固定资产清理——水稻收割机　　　　　　　　　　2 500

（5）结转清理净损失：

水稻收割机毁损损失=10 000-500+750-2 500=7 750（元）

借：其他支出——固定资产清理损失   7 750

    贷：固定资产清理——水稻收割机   7 750

【工作实例5-18】出售农机设备（免税）

2025年1月25日，新村经济合作社出售一台前期购入的农机设备，收到销售款16 950元已存入银行。该设备账面原值为30 000元，已提折旧12 000元，用现金支付清理费250元。会计分录为：

（1）农机设备转入清理：

农机设备净值=30 000-12 000=18 000（元）

借：固定资产清理——农机设备   18 000

    累计折旧   12 000

    贷：固定资产——农机设备   30 000

（2）发生清理费用：

借：固定资产清理——农机设备   250

    贷：库存现金   250

（3）取得变现收入并确认固定资产清理损失：

固定资产清理合计=18 000+250=18 250（元）

出售固定资产净损失=18 250-16 950=1 300（元）

借：银行存款   16 950

    其他支出——固定资产清理损失   1 300

    贷：固定资产清理——农机设备   18 250

> **政策依据5-5**
>
> 《财政部 国家税务总局关于农业生产资料征免增值税政策的通知》（财税〔2001〕113号）规定，从事批发、零售农机的企业，可以享受免征增值税的优惠。

四、处置无形资产

无形资产处置业务的账务处理见表5-9。

表5-9   无形资产处置业务的账务处理

经济业务	账务处理
出售、报废	借：银行存款 （实收销售款） 　　累计摊销 （已提摊销） 　贷：无形资产 （原值） 　　库存现金/银行存款/应交税费 借/贷：其他支出/其他收入 （差额）

【工作实例5-19】出售财务软件

2025年3月10日，新村经济合作社将之前购入的财务软件出售，软件原值18 000

元，已提摊销6 000元，销售款13 000元已收入银行。会计分录为：

（1）不考虑税费时：

借：银行存款　　　　　　　　　　　　　　　　　　　　　　13 000

　　累计摊销——财务软件　　　　　　　　　　　　　　　　　6 000

　　贷：无形资产——财务软件　　　　　　　　　　　　　　　　　　18 000

　　　　其他收入——处置无形资产利得　　　　　　　　　　　　　　 1 000

（2）若新村经济合作社为小规模纳税人：

应交增值税=13 000÷（1+1%）×1%=128.71（元）

借：银行存款　　　　　　　　　　　　　　　　　　　　　　13 000

　　累计摊销——财务软件　　　　　　　　　　　　　　　　　6 000

　　贷：无形资产——财务软件　　　　　　　　　　　　　　　　　　18 000

　　　　应交税费——应交增值税　　　　　　　　　　　　　　　　　128.71

　　　　其他收入——处置无形资产利得　　　　　　　　　　　　　　871.29

任务三　往来业务的核算

一、应收款及其核算

（一）认识应收款

1.概念

农村集体经济组织的应收款，是指农村集体经济组织与非成员（即外部单位和个人）之间发生的各种应收及暂付款项。

2.账户及账簿设置

农村集体经济组织应设置资产类账户"应收款"，并依据发生应收、暂付款项的外部单位或个人设置明细科目，进行明细核算。

（二）应收款的账务处理

1.应收款发生及收回的账务处理

应收款发生及收回业务的账务处理见表5-10。

表5-10　　　　　　　　　　　　　应收款发生及收回业务的账务处理

经济业务	账务处理
（1）发生应收及暂付款	借：应收款 　　贷：库存现金/银行存款/经营收入/投资收益等
（2）收回应收款	借：库存现金/银行存款等 　　贷：应收款
（3）以暂付款取得库存物资或服务	借：库存物资等 　　贷：应收款

知识精讲5-3

往来业务的核算

【工作实例5-20】销售白萝卜（免税）

2025年3月15日，新村经济合作社向B市粮食集团销售白萝卜10 000千克，售价为每千克1.2元，货款约定3日后支付。会计分录为：

借：应收款——B市粮食集团　　　　　　　　　　　　　　　12 000

　　贷：经营收入　　　　　　　　　　　　　　　　　　　　　　12 000

【工作实例5-21】收到应收款（销售白萝卜款）

接上例，2025年3月18日，新村经济合作社的中国银行账户收到B市粮食集团购买白萝卜款项12 000元，会计分录为：

借：银行存款——中国银行　　　　　　　　　　　　　　　　12 000

　　贷：应收款——B市粮食集团　　　　　　　　　　　　　　　12 000

2.应收款核销的账务处理

对于确实无法收回非本组织成员的应收及暂付款项，其账务处理见表5-11。

表5-11　　　　　　　　　　应收款核销业务的账务处理

经济业务	账务处理
应收款核销	借：其他支出 　贷：应收款

【工作实例5-22】非本组织成员的欠款无法收回

某镇外民营甲企业因经营不善导致资金周转困难，已向法院申请破产清算。该企业此前拖欠新村经济合作社货款3年未还，金额共计1 000元。2025年3月18日，新村经济合作社取得法院相关文件后，确认该笔应收款项无法收回，予以核销。会计分录为：

借：其他支出——坏账损失　　　　　　　　　　　　　　　　1 000

　　贷：应收款——甲企业　　　　　　　　　　　　　　　　　1 000

二、内部往来及其核算

（一）认识内部往来

1.概念

农村集体经济组织的内部往来，是指该组织与其内部成员（所属单位和农户）之间发生的应收、暂付及应付、暂收款项。

2.账户及账簿设置

农村集体经济组织应设置资产类账户"内部往来"，并按照成员设置明细科目进行核算。它是债权债务类科目，具有双重性质。

特别提示5-2

"内部往来"账户的内容包括一事一议资金、年终收益成员分红、成员承包费、承包地和闲置农房委托流转资金以及代收农村集体经济组织成员水电费、物业费等。

（二）内部往来的账务处理

1.内部往来发生及收回业务的账务处理

内部往来发生及收回业务的账务处理见表5-12。

表5-12　　　　　内部往来发生及收回业务的账务处理

经济业务	账务处理
（1）发生应收款项、偿还应付款项	借：内部往来——×× 　　贷：库存现金/银行存款等
（2）收回应收款项、发生应付款项	借：库存现金/银行存款等 　　贷：内部往来——××
（3）发生无法收回的内部往来款项	借：其他支出 　　贷：内部往来——××
（4）发生无须偿还的内部往来款项	借：内部往来——×× 　　贷：其他收入

【工作实例5-23】内部成员借款

2025年3月10日，新村经济合作社成员王五因生活困难向集体借现金1 600元。会计分录为：

借：内部往来——王五　　　　　　　　　　　　　　　　　　　1 600
　　贷：库存现金　　　　　　　　　　　　　　　　　　　　　　　1 600

【工作实例5-24】内部成员欠款无法收回

新村经济合作社成员李四现下落不明，欠集体1 000元，经确认已无法收回。会计分录为：

借：其他支出　　　　　　　　　　　　　　　　　　　　　　　1 000
　　贷：内部往来——李四　　　　　　　　　　　　　　　　　　　1 000

2.内部往来其他业务的账务处理

农村集体经济组织内部往来其他业务的账务处理见表5-13。

表5-13　　　　　　内部往来其他业务的账务处理

经济业务		账务处理
（1）发生应收承包金	结算出本期成员应交未交的款项时	借：内部往来 　　贷：经营收入——发包收入
	实际收到款项时	借：库存现金/银行存款等 　　贷：内部往来
（2）一次收取多期发包或出租款项	收到款项时	借：库存现金/银行存款等 　　贷：内部往来
	分期确认发包或出租收入时	借：内部往来 　　贷：经营收入

续表

经济业务		账务处理
（3）筹集一事一议资金与成员发生应收款项	在筹资方案经成员大会或成员代表大会通过时	借：内部往来 　贷：一事一议资金
	收到款项时	借：库存现金/银行存款等 　贷：内部往来
（4）分配收益	分配时	借：收益分配——各项分配 　贷：内部往来
	实际发放款项时	借：内部往来 　贷：银行存款

【工作实例5-25】收内部成员承包金（免税）

2024年1月10日，新村经济合作社将村内果园承包给本村成员张三，承包金按年支付，每年20 000元，截止到2024年12月31日，尚未收到承包金。会计分录为：

（1）2024年年底结算出本期成员应交未交的款项时：

借：内部往来——张三　　　　　　　　　　　　　　　　　　　　20 000
　　贷：经营收入——发包收入　　　　　　　　　　　　　　　　　　　20 000

政策依据5-6

《财政部 税务总局关于建筑服务等营改增试点政策的通知》（财税〔2017〕58号）规定，纳税人采取转包、出租等方式将承包地流转给农业生产者用于农业生产，免征增值税。

（2）次年收到承包金转账凭证时：

借：银行存款　　　　　　　　　　　　　　　　　　　　　　　　20 000
　　贷：内部往来——张三　　　　　　　　　　　　　　　　　　　　20 000

【工作实例5-26】一次收取多期农机租金（免税）

2025年1月4日，新村经济合作社向成员张三出租一台农机用于农业机耕作业，协议约定租期3年，年租金为3 000元，共计9 000元，需一次性付清。次日，以银行转账方式收到9 000元。会计分录为：

（1）收到租金时：

借：银行存款　　　　　　　　　　　　　　　　　　　　　　　　9 000
　　贷：内部往来——张三　　　　　　　　　　　　　　　　　　　　9 000

（2）每年年末确认收入时：

借：内部往来　　　　　　　　　　　　　　　　　　　　　　　　3 000
　　贷：经营收入——出租收入　　　　　　　　　　　　　　　　　　　3 000

【工作实例5-27】收集一事一议资金

2025年3月10日，新村经济合作社因修建村内灌溉设施进行"一事一议"筹资，经成员代表大会讨论通过，每人应交60元筹资款，共计18 000元。会计分录为：

（1）筹资方案经成员代表大会通过时：

借：内部往来——各成员　　　　　　　　　　　　　18 000

　　贷：一事一议资金——修建村内灌溉设施　　　　　　　　18 000

（2）收到款项时：

借：银行存款　　　　　　　　　　　　　　　　　　18 000

　　贷：内部往来——各成员　　　　　　　　　　　　　　　18 000

【工作实例5-28】分配收益

2025年1月10日，新村经济合作社审议通过2024年年度收益分配方案，决定向成员分配收益共计172 000元。会计分录为：

（1）决定分配收益时：

借：收益分配——各项分配　　　　　　　　　　　　172 000

　　贷：内部往来——各成员　　　　　　　　　　　　　　172 000

（2）实际发放款项时：

借：内部往来——各成员　　　　　　　　　　　　　172 000

　　贷：银行存款　　　　　　　　　　　　　　　　　　　172 000

三、应付款及其核算

（一）认识应付款

1.概念

农村集体经济组织的应付款，是指农村集体经济组织与非成员（即外部单位和个人）之间发生的偿还期在1年以内（含1年）的各种应付及暂收款项。

2.账户及账簿设置

农村集体经济组织应设置负债类账户"应付款"，依据发生应付、暂收款项的外部单位或个人设置明细科目，开展核算工作。

（二）应付款的账务处理

1.应付款发生及偿还的账务处理

应付款发生及偿还业务的账务处理见表5-14。

表5-14　　　　　　　　应付款发生及偿还业务的账务处理

经济业务		账务处理
（1）发生应付及暂收款项		借：库存现金/银行存款/库存物资/经营支出/其他支出等 　　贷：应付款
（2）偿还应付及暂收款项 （以实际支付的金额入账）		借：应付款 　　贷：银行存款
（3）一次收取多期 非成员发包或出租 款项	①收到款项时	借：库存现金/银行存款等 　　贷：应付款
	②分期确认发包或 出租收入时	借：应付款 　　贷：经营收入

【工作实例5-29】发生劳务费用后支付

2025年3月18日，新村经济合作社委托外村李师傅清理灌溉水渠，发生劳务费用1 000元，费用暂未支付。同年4月15日，以现金支付李师傅劳务费用1 000元。会计分录为：

（1）发生劳务费用：

借：经营支出——劳务费   1 000

    贷：应付款——李师傅   1 000

（2）支付劳务费用：

借：应付款——李师傅   1 000

    贷：库存现金   1 000

【工作实例5-30】赊购农药后支付

2025年3月20日，新村经济合作社向丰收农资公司赊购农药一批，价值3 000元，已验收入库，货款约定1个月后支付。同年4月20日，通过银行转账支付丰收农资公司农药货款3 000元。会计分录为：

（1）赊购农药：

借：库存物资——农药   3 000

    贷：应付款——丰收农资公司   3 000

（2）支付农药货款：

借：应付款——丰收农资公司   3 000

    贷：银行存款   3 000

【工作实例5-31】出租鱼塘（免税）

2025年3月3日，新村经济合作社将村内鱼塘承包给绿野农业公司。合同约定：租赁期3年，年租金10万元，合计30万元，签约时一次性收讫全部租金，款项已通过银行转账到账。会计分录为：

（1）收到承包金：

借：银行存款   300 000

    贷：应付款——绿野农业公司   300 000

（2）每年年末确认发包收入时：

借：应付款——绿野农业公司   100 000

    贷：经营收入——发包收入   100 000

> **政策依据5-7**
>
> 《财政部 税务总局关于明确国有农用地出租等增值税政策的公告》（财政部 税务总局公告2020年第2号）规定：纳税人将国有农用地出租给农业生产者用于农业生产，免征增值税。

2.应付款核销或豁免的账务处理

农村集体经济组织因客观原因无法履行应付款的偿付义务或获得债权人债务减免

时，按规定程序报经批准后，可进行如下账务处理，见表5-15。

表5-15　　　　　　　　　　　　应付款核销或豁免业务的账务处理

经济业务	账务处理
核销或豁免应付款	借：应付款 　贷：其他收入

【工作实例5-32】核销应付款

2025年3月10日，新村经济合作社在清理债务时，确认一笔应付款2 000元（原债权人红星建材厂已注销且无权利义务承继人），报批后予以核销。会计分录为：

借：应付款——红星建材厂　　　　　　　　　　　　　　　　2 000
　　贷：其他收入——无法偿付款项　　　　　　　　　　　　　　2 000

项目实施

针对"项目导入"中的经济业务，相关账务处理程序如下：

第一步：线上电商销售核算。

（1）业务流程：电商平台结算货款到账，确认收入并结转成本。

（2）会计分录为：

①确认收入（销售自产农产品免税）：

借：银行存款　　　　　　　　　　　　　　　　　　　　　50 000
　　贷：经营收入——销售收入（蓝莓）　　　　　　　　　　　　50 000

②结转成本：

借：经营支出——销售成本　　　　　　　　　　　　　　　30 000
　　贷：库存物资——蓝莓　　　　　　　　　　　　　　　　　30 000

第二步：成员预交承包金处理。

（1）业务流程：预收2年承包金，按年确认收入。

（2）会计分录为：

①收到预付款：

借：银行存款　　　　　　　　　　　　　　　　　　　　　24 000
　　贷：内部往来——张三　　　　　　　　　　　　　　　　　24 000

②每年确认收入：

借：内部往来——张三　　　　　　　　　　　　　　　　　12 000
　　贷：经营收入——发包收入　　　　　　　　　　　　　　　12 000

第三步：固定资产清理核算。

（1）业务流程：转入清理、支付费用、确认损益。

（2）会计分录为：

①转入清理：

借：固定资产清理　　　　　　　　　　　　　　　　　　　6 000
　　累计折旧　　　　　　　　　　　　　　　　　　　　　4 000

贷：固定资产——蓝莓分选机 10 000

②支付清理费：

借：固定资产清理 500

贷：库存现金 500

③收到出售价款：

借：银行存款 5 000

贷：固定资产清理 5 000

④结转清理损失：

借：其他支出——固定资产处置损失 1 500

贷：固定资产清理 1 500

育德润心 ▬▬▬▬▬▬▬▬▬▬▬▬▬▬▬▬▬▬▬▬▬▬▬▬▬

人参果铺就强村富民路——民勤县东坝镇东一村销售核算创新实践

甘肃省民勤县东坝镇东一村，曾是传统农业"空白村"，如今依托人参果产业实现华丽转身。全村通过"党建引领+合作社运营+全链条升级"，建成千亩人参果产业园，2024年产值突破2 600万元，村集体经济收入达30万元，成为全国"一村一品"示范村镇。

1. 多元化销售网络

线下直供：与深圳百果园、新疆果果家等大型商超建立直供渠道。

线上电商：村民自主开设抖音、京东等平台网店70余家，2024年线上销售额占总收入的30%。

大宗订单：通过合作社统一承接企业团购订单，采用预付款与尾款分阶段结算模式，应收账款管理规范，坏账率低于2%。

2. 盘活集体资产

日光温室出租：村集体将200座温室发包给农户，年收入超10万元。

3. 销售过程精细化核算

电商数据与线下订单无缝对接，为收入确认提供实时依据；政府补助、销售收入、发包收入分账管理，筑牢资金安全底线；透明化分配机制凝聚村民共识，推动"小农户"融入"大市场"。

资料来源：民勤县融媒体中心.【民勤融媒乡村行——东坝镇】东一村：人参果产业旺 种植户增收忙 [EB/OL]. [2024-09-21]. https://www.peopleapp.com/rmharticle/30046682778.

德育要素：诚实守信 科技兴农

职业点拨：会计人员在工作中应以"诚信为本、数据为基"，既要确保收入确认的真实性，又要通过数字化工具预判市场风险，将职业操守融入乡村振兴的每一笔账务中。

项目测试

项目测试 5-1

在线答题

项目测试 5-2

拓展练习

一、单选题

1.农村集体经济组织的经营收入是指（　　　）。

A.生产销售、提供劳务、让渡资产资源使用权等取得的收入

B.政府补助和捐赠收入

C.成员缴纳的会费

D.银行贷款收入

2.销售收入的确认条件是（　　　）。

A.签订销售合同

B.产品物资已发出并收讫价款或取得收款凭据

C.收到预付款项

D.完成产品生产

3.消耗性生物资产盘亏的净损失应计入（　　　）。

A.经营收入　　　　　　　　　　B.公积公益金

C.应收款　　　　　　　　　　　D.其他支出

4.无形资产处置时，已计提的摊销应（　　　）。

A.计入其他支出　　　　　　　　B.不做处理

C.转销累计摊销　　　　　　　　D.转入经营支出

5.核销无法收回的应收款应计入（　　　）。

A.经营支出　　　　　　　　　　B.管理费用

C.投资收益　　　　　　　　　　D.其他支出

二、多选题

1.关于经营收入的核算正确的有（　　　）。

A.期末结转后无余额　　　　　　B.期末转入"本年收益"科目的贷方

C.期末不需要结转　　　　　　　D.按经营项目明细核算

2.出租收入的特点包括（　　　）。

A.让渡资产使用权　　　　　　　B.可分期确认

C.必须一次性确认　　　　　　　D.通过"经营收入"科目核算

3.消耗性生物资产处置时需要按其账面价值转销的有（　　　）。

A.收获　　　　　　　　　　　　B.转为产畜

C.死亡毁损　　　　　　　　　　D.对外投资

4.可能产生处置收益的情况包括（　　　）。

A.收获入库　　　　　　　　　　B.对外出售

C.转为产畜　　　　　　　　　　D.对外投资

5.可能产生其他收入的业务有（　　　）。

A.固定资产盘盈　　　　　　　B.应付账款核销

C.产品销售　　　　　　　　　D.存款利息

三、判断题

1.一次性收取多年租金应分摊确认收入。 （　　）

2.经营收入需要设置二级科目核算。 （　　）

3.一事一议资金筹集直接增加经营收入。 （　　）

4.预收多期租金应全部确认为当期收入。 （　　）

5.核销内部往来坏账计入其他支出。 （　　）

四、业务题

1.某农村集体经济组织2025年1月发生以下业务：

（1）销售初级农产品一批，收到现金8 000元；

（2）向邻村提供农机服务，应收服务费5 000元，款项尚未收到；

（3）收到土地承包款12 000元，承包期1年；

要求：根据以上业务编制相关会计分录。

2.某农村集体经济组织2025年发生以下业务：

（1）收获玉米一批，账面价值15 000元；

（2）出售育肥猪10头，售价20 000元，成本12 000元，款项已收；

（3）将5头幼牛转为产畜，账面价值8 000元；

（4）因疫病死亡鸡群一批，账面价值5 000元，获保险赔偿3 000元。

要求：根据以上业务编制相关会计分录。

3.2025年1月25日，某村经济合作社出售一台农机设备，收到销售款6 950元已存入银行。该设备账面原值为10 000元，已提折旧2 000元，用现金支付清理费400元。暂不考虑税费。

要求：根据以上业务编制相关会计分录。

4.某农村集体经济组织发生以下业务：

（1）向非成员单位销售农产品，应收5 000元；

（2）确认成员张三应交承包费3 000元；

（3）收取成员李四预交两年土地租金12 000元；

（4）核销无法收回的成员王五欠款1 000元；

（5）通过一事一议方案，应收成员筹资款20 000元，已收15 000元。

要求：根据以上业务编制相关会计分录。

项目评价

本项目评价见表5-16。

表5-16　　　　　　　　　　　　　项目评价表

项目名称		销售过程的核算			
	评价要点	学生自评（50%）	教师评价（50%）	评分标准说明	
知识掌握（30分）	掌握经营收入确认原则及销售过程各类收入的核算方法（10分）			• 优秀（9~10分）：全面掌握知识，技能熟练，素养突出，能独立解决复杂问题 • 良好（7~8分）：知识较扎实，技能达标，素养良好，需在部分领域提升 •合格（5~6分）：基本达到要求，但存在知识漏洞或技能不足，需要有针对性改进 •待提高（5分以下）：核心知识/技能缺失，需要系统化补足基础	
	熟悉应收款、应付款与内部往来的核算规范及差异（10分）				
	理解增值税处理规则与资产处置的账务逻辑（10分）				
技能应用（40分）	能规范完成经营收入、其他收入等经营业务的账务处理（10分）				
	能准确核算应收款项核销、应付款豁免等特殊业务（10分）				
	能规范完成内部往来发生及收回的账务处理（10分）				
	能依法完成增值税申报及免税业务的账务处理（10分）				
素质养成（30分）	具有依法纳税意识，恪守"不做假账"的职业底线（10分）				
	具有契约精神，对应收应付往来款项进行规范管理（10分）				
	具有服务集体经济的使命感，助力乡村经济健康发展（10分）				
综合评价成绩（100分）					
学生自评： 　　　　　　　　　　　　　　　　学生签字：					
教师评语： 　　　　　　　　　　　　　　　　教师签字：					

学习目标

知识目标

1. 掌握短期投资与长期投资的分类、账户设置及核算方法。
2. 熟悉投资收益确认、处置及损失的账务处理规则。
3. 理解货币与非货币性投资的入账价值差异及核算要点。

技能目标

1. 能规范完成短期投资购入、股利收取及出售的账务处理。
2. 能规范完成长期投资以货币或非货币资产取得、收益确认及处置的账务处理。
3. 能准确完成投资损失及赔偿的账务处理。

素养目标

1. 强化合规意识，遵循会计准则，确保投资核算真实透明。
2. 培养风险防范意识，维护集体资产安全，杜绝违规操作。
3. 树立责任担当，践行诚信廉洁，助力农村经济高质量发展。

【知识导图】

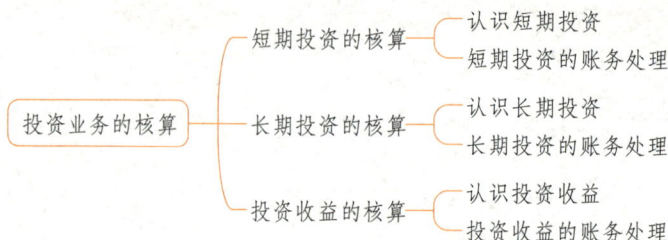

【项目导入】

2025年3月，某村经济合作社将部分资金用于短期和长期投资，以实现资金的保值增值。具体投资计划如下：

（1）短期投资：用银行存款购入某上市公司股票10 000股，每股价格10元，另支付佣金和手续费共计2 000元，计划在1年内出售。

（2）长期投资：以自有固定资产（一套价值150 000元的茶叶加工设备，已计提累计折旧30 000元）对某茶叶加工企业进行股权投资，期限3年，双方协议作价125 000元，假设不考虑税费。

相关原始凭证如下：

（1）股票购买合同及银行付款凭证。

（2）固定资产评估报告及投资协议。

思考：会计张梅应如何根据上述投资业务完成短期投资、长期投资的账务处理？

任务一　短期投资的核算

知识精讲6-1

短期投资的核算

一、认识短期投资

1. 概念

农村集体经济组织的短期投资，是指购入的能够随时变现并且预计持有时间不超过1年（含1年）的股票、债券等有价证券等投资。

2. 计价原则

短期投资以取得时的成本计价，包括有价证券的买价、佣金及税费。如果在支付的价款中包括代垫的利息或股利，应从中扣除，不作为短期投资的成本。

3. 账户及账簿设置

农村集体经济组织应设置资产类账户"短期投资"，按照短期投资的种类设置明细科目，进行明细核算。

二、短期投资的账务处理

农村集体经济组织短期投资业务的账务处理见表6-1。

表6-1　　　　　　　　　　　　　短期投资业务的账务处理

经济业务	账务处理	
（1）取得	借：短期投资 　贷：银行存款等	（实际支付的价款+相关税费）
（2）被投资单位宣告分派现金股利、利润或利息（股票股利仅备查登记，不做会计分录）	①宣告时： 借：应收款 　贷：投资收益 ②收到股利时： 借：银行存款 　贷：应收款	
（3）处置	借：银行存款等 　贷：短期投资 　　应收款 　　投资收益	（账面余额） （未领取的现金股利、利润或利息） （差额）

【工作实例6-1】用银行存款购入股票

2025年3月3日，新村经济合作社用银行存款购入E公司股票120 000元，准备在1年内变现。另外支付经纪人佣金600元，手续费400元。会计分录为：

短期投资成本=120 000+600+400=121 000（元）

借：短期投资——股票投资（E公司）　　　　　　　　　　121 000

　　贷：银行存款　　　　　　　　　　　　　　　　　　　　　121 000

【工作实例6-2】被投资单位宣告分配现金股利

2025年3月4日，新村经济合作社投资的F公司宣告分配现金股利，新村经济合作社应收股利1 000元，并于3月28日收到该股利款。会计分录为：

（1）宣告发放股利时：

借：应收款——F公司　　　　　　　　　　　　　　　　　1 000

　　贷：投资收益——股票分红　　　　　　　　　　　　　　　1 000

（2）收到股利时：

借：银行存款　　　　　　　　　　　　　　　　　　　　　1 000

　　贷：应收款——F公司　　　　　　　　　　　　　　　　　1 000

【工作实例6-3】出售短期投资的股票

2025年3月28日，新村经济合作社出售其持有的短期投资C公司股票，售价108 000元，款项到账。账面成本101 800元，无未收股利。会计分录为：

出售股票收益=108 000-101 800=6 200（元）

借：银行存款　　　　　　　　　　　　　　　　　　　　　108 000

贷：短期投资——股票投资（C公司）　　　　　　　　　　　101 800

　　投资收益——股票投资　　　　　　　　　　　　　　　　　6 200

任务二　长期投资的核算

一、认识长期投资

1. 概念

农村集体经济组织的长期投资，是指其预计持有时间超过1年（不含1年）的投资，包括股权投资、债权投资等投资。

2. 计价原则

长期投资的成本包括实际支付的价款或评估价或合同协议价、相关税费。

3. 账户及账簿设置

农村集体经济组织应设置资产类账户"长期投资"，并按照长期投资的种类设置明细科目，进行明细核算。

二、长期投资的账务处理

（一）长期投资取得的账务处理

农村集体经济组织长期投资取得业务的账务处理见表6-2。

表6-2　　　　　　　　　　长期投资取得业务的账务处理

经济业务		账务处理
长期投资取得	①以货币资金方式投资	借：长期投资　　　　　　　　　（实际支付价款+相关税费） 　　贷：银行存款 　　　　应交税费　　　　　　　　　　　　　　　　（如有）
	②以非货币资金方式投资	借：长期投资　　　　　　　（评估价或合同协议价+相关税费） 　　　生产性生物资产累计折旧/累计折旧/累计摊销 　　贷：消耗性生物资产/生产性生物资产/固定资产/无形资产等　（原价） 　　　　应交税费　　　　　　　　　　　　　　　　（如有） 　　借/贷：公积公益金　　　　　　　　　　　　　　（差额）

【工作实例6-4】以货币资金购入股票，进行长期投资

2025年4月1日，新村经济合作社购入A上市公司股票2 000股（计划长期持有），每股成交价10元，支付印花税200元、手续费600元，总金额20 800元以银行存款支付。会计分录为：

借：长期投资——长期股权投资（A公司）　　　　　　　　　20 800

　　贷：银行存款　　　　　　　　　　　　　　　　　　　　　20 800

【工作实例6-5】以货币资金购入债券，进行长期投资

2025年4月1日，新村经济合作社购入B公司发行的五年期企业债券，面值50 000元，年利率5%（按年付息），支付价款50 000元，另支付交易佣金500元、过户费300元，款项通过银行转账付讫。会计分录为：

长期投资成本=50 000+500+300=50 800（元）

借：长期投资——长期债券投资（B公司）　　　　　　　　50 800

　　贷：银行存款　　　　　　　　　　　　　　　　　　　　　　　50 800

【工作实例6-6】以货币资金对子公司进行股权投资

2025年3月15日，新村经济合作社以货币资金250 000元设立全资子公司——新村生态农业公司，其中200 000元为财政扶持资金，50 000元为自有资金。投资款已划转。会计分录为：

（1）投资时：

借：长期投资——长期股权投资（新村生态农业）　　　　250 000

　　贷：银行存款　　　　　　　　　　　　　　　　　　　　　　　250 000

（2）结转专项应付款：

借：专项应付款　　　　　　　　　　　　　　　　　　　200 000

　　贷：公积公益金——政府拨款　　　　　　　　　　　　　　　　200 000

【工作实例6-7】以固定资产进行长期投资

2025年3月17日，新村经济合作社决定以一套智能灌溉设备（固定资产）对阳光农业科技公司进行长期投资。该智能灌溉设备原值80 000元，已计提折旧20 000元，合同约定价值70 000元（不含税），并按被投资方要求开具增值税专用发票。会计分录为：

（1）不考虑税费时：

公积公益金=70 000+20 000-80 000=10 000（元）

借：长期投资——股权投资（阳光农业）　70 000（合同约定价）

　　累计折旧　　　　　　　　　　　　　20 000

　　贷：固定资产——智能灌溉设备　　　　　　　　　　80 000（原价）

　　　　公积公益金　　　　　　　　　　　　　　　　　　10 000

（2）若新村经济合作社是小规模纳税人时：

应缴纳的增值税=70 000×1%=700（元）

借：长期投资——股权投资（阳光农业）　70 000

　　累计折旧　　　　　　　　　　　　　20 000

　　贷：固定资产——智能灌溉设备　　　　　　　　　　80 000

　　　　应交税费——应交增值税　　　　　　　　　　　　　700

　　　　公积公益金——非货币性资产投资利得　　　　　　9 300

知识拓展6-1

销售使用过的固定资产的核算

【工作实例6-8】以无形资产进行长期投资

2025年3月1日，新村经济合作社以其拥有的"智能农业管理系统"专利技术

向神农农业科技公司投资，取得该公司25%有表决权的股份。该专利技术账面价值为80 000元，已提摊销20 000元，协议约定价值为100 000元（不含税）。会计分录为：

（1）不考虑税费时：

公积公益金=100 000+20 000-80 000=40 000（元）

借：长期投资——股权投资（神农农业）　　　　　　　　　　100 000

　　累计摊销　　　　　　　　　　　　　　　　　　　　　　20 000

　　贷：无形资产——专利技术　　　　　　　　　　　　　　　　80 000

　　　　公积公益金——非货币性资产投资利得　　　　　　　　　40 000

（2）若新村经济合作社是小规模纳税人时，则账务处理同上。

（二）长期投资收益的账务处理

农村集体经济组织长期投资收益业务的账务处理见表6-3。

表6-3　　　　　　　　　　　长期投资收益业务的账务处理

经济业务	账务处理
（1）被投资单位宣告分派现金股利、利润或利息	借：应收款 贷：投资收益
（2）收到现金股利、利润或利息	借：银行存款 贷：应收款

【工作实例6-9】宣告分配现金股利

接【工作实例6-8】，若2025年5月30日神农农业科技公司宣告分配现金股利30 000元，新村经济合作社按照规定应分得的股利为7 500元。会计分录为：

应分得的股利=30 000×25%=7 500（元）

借：应收款——神农农业　　　　　　　　　　　　　　　　　7 500

　　贷：投资收益——股权投资　　　　　　　　　　　　　　　　7 500

【工作实例6-10】收到债券利息

2025年3月31日，新村经济合作社收到某上市公司支付的债券基金收益500元。会计分录为：

借：银行存款　　　　　　　　　　　　　　　　　　　　　　500

　　贷：应收款——债券基金收益　　　　　　　　　　　　　　　500

（三）长期投资处置或发生损失的账务处理

农村集体经济组织长期投资处置或发生损失业务的账务处理见表6-4。

表6-4 长期投资处置或发生损失业务的账务处理

经济业务	账务处理	
（1）处置（到期收回或中途出售转让）	借：银行存款 　贷：长期投资 　　　应收款 借/贷：投资收益	（实际取得的价款） （账面余额） （尚未领取的现金股利、利润或利息） （差额）
（2）发生损失	借：应收款/内部往来 　　投资收益 　贷：长期投资	（赔偿金额） （扣除赔偿金额后的净损失） （账面余额）

【工作实例6-11】出售长期投资的债券

2025年3月25日，新村经济合作社持有的丁上市公司债券的账面价值为50 000元，售价55 000元，款项已存入银行。会计分录为：

借：银行存款　　　　　　　　　　　　　　　　　55 000
　贷：长期投资——股权投资（丁公司）　　　　　　50 000
　　　投资收益——股权投资　　　　　　　　　　　 5 000

【工作实例6-12】出售股权

2025年3月26日，新村经济合作社出售其持有的甲公司股权，股权账面价值50 000元，售价55 000元，款项已存入银行。会计分录为：

借：银行存款　　　　　　　　　　　　　　　　　55 000
　贷：长期投资——股权投资（甲公司）　　　　　　50 000
　　　投资收益——股权投资　　　　　　　　　　　 5 000

【工作实例6-13】长期股权投资发生损失（部分赔偿）

2025年3月25日，新村经济合作社3年前投资的乌龟养殖场因经营不善破产，长期股权投资账面余额80 000元无法全部收回。经查，该项投资损失系合作社陈某作为负责人监督管理不到位，未能及时履行破产权利导致。按规定程序批准后，由陈某赔偿60 000元，剩余20 000元确认为投资损失。会计分录为：

（1）确认投资损失时：

借：内部往来——陈某　　　　　　　　　　　　　60 000
　　投资收益——股权投资　　　　　　　　　　　20 000
　　贷：长期投资——股权投资（乌龟养殖场）　　　　80 000

（2）收到陈某的款项时：

借：银行存款　　　　　　　　　　　　　　　　　60 000
　贷：内部往来——陈某　　　　　　　　　　　　　60 000

任务三　投资收益的核算

知识精讲6-3

投资收益的核算

一、认识投资收益

1.概念

农村集体经济组织的投资收益，是指其对外投资取得的收益或发生的损失。

2.账户及账簿设置

农村集体经济组织应设置损益类账户"投资收益"，并应按照投资种类和项目设置明细科目，进行明细核算。

二、投资收益的账务处理

农村集体经济组织投资收益业务的账务处理见表6-5。

表6-5　　　　　　　　　　　　　投资收益业务的账务处理

经济业务		账务处理
（1）取得	①对外投资持有期间，被投资单位宣告分派现金股利、利润或利息时	借：应收款 　　贷：投资收益
	②对外投资处置时	借：银行存款等 　　贷：短期投资/长期投资　　　　　（账面余额） 　　　　应收款（尚未领取的现金股利、利润或利息） 借/贷：投资收益　　　　　　　　　　　（差额）
（2）结转	①期末投资收益余额在贷方时	借：投资收益 　　贷：本年收益
	②期末投资收益余额在借方时	借：本年收益 　　贷：投资收益

【工作实例6-14】被投资单位宣告分派现金股利

新村经济合作社持有利威集团股票共计5 000股。2025年3月3日，利威集团宣告分配现金股利，每股0.1元。会计分录为：

借：应收款——利威集团　　　　　　　　　　　　　　　　　500
　　贷：投资收益——股权投资　　　　　　　　　　　　　　　　500

【工作实例6-15】出售股票

2025年3月25日，新村经济合作社以每股10元的价格出售了之前购入的利威集团股票5 000股（该股票为长期股权投资），出售所得款项50 000元已存入银行。

该股票的账面余额为40 000元，且在出售时尚有应收股利500元未领取。会计分录为：

出售股票收益=50 000-40 000-500=9 500（元）

借：银行存款　　　　　　　　　　　　　　　　　　　　　50 000

　　贷：长期投资——股权投资（利威集团）　　　　　　　　　　　40 000

　　　　应收款——利威集团　　　　　　　　　　　　　　　　　500

　　　　投资收益——股权投资　　　　　　　　　　　　　　　　9 500

【工作实例6-16】结转投资收益

2025年3月31日，新村经济合作社将投资收益贷方余额15 000元结转至本年收益。会计分录为：

借：投资收益　　　　　　　　　　　　　　　　　　　　　15 000

　　贷：本年收益　　　　　　　　　　　　　　　　　　　　　　15 000

项目实施

针对"项目导入"中的经济业务，相关账务处理程序如下：

第一步：短期投资核算。

（1）业务流程：购入股票时，支付款项并记录投资成本。

（2）会计分录为：

购入股票投资成本=10 000×10+2 000=102 000（元）

借：短期投资——股票投资　　　　　　　　　　　　　　　102 000

　　贷：银行存款　　　　　　　　　　　　　　　　　　　　　102 000

第二步：长期投资核算。

（1）业务流程：以固定资产投资时，转销固定资产账面价值并确认投资成本。

（2）会计分录为：

借：长期投资——股权投资　　　　　　　　　　　　　　　125 000

　　累计折旧　　　　　　　　　　　　　　　　　　　　　　30 000

　　贷：固定资产——茶叶加工设备　　　　　　　　　　　　　　150 000

　　　　公积公益金　　　　　　　　　　　　　　　　　　　　　5 000

育德润心

两村"带金"入股民企，保底分红助推集体经济发展

为了增加村集体经济收入，2022年，广西南宁市太平镇庆乐村将50万元村集体经济收入入股武鸣万达生态农业有限公司（简称万达生态农庄）发展旅游民宿设施建设，2023年如约获得万达生态农庄支付的4万元分红。

2024年，庆乐村将获得自治区级示范性农村集体经济组织的奖励资金10万元追加入股到万达生态农庄。此外，经过调研考察，南宁市太平镇均致村也看好万达生态农庄的发展前景，决定将30万元村集体经济收入入股该农庄，每年获得相应分红。

太平镇均致村驻村第一书记李振华曾说："经过这几次调查，我们了解到万达生态农庄的总规模还有收益，各方面情况还是比较稳定的，所以村委通过四议两公开的流程，大家都一致同意把钱投到这里来。"

此次两村与万达生态农庄的入股签约是太平镇立足本地发展优势，多渠道探索村集体经济发展模式，努力推动村级集体经济发展壮大的一项务实举措。

资料来源：佚名．两村"带金"入股民企，保底分红助推集体经济发展［EB/OL］．［2024-01-05］．http://www.wuming.gov.cn/yw/wmyw/t5822171.html.

德育要素： 合作共赢　创新思维

职业点拨： 村集体与民营企业合作，村集体提供资金，企业利用资金发展项目，村集体获得分红，实现了合作共赢。这种合作模式强调了集体利益与企业利益的统一，有利于实现共同发展和利益共享。会计人员在处理村集体投资业务时，需秉持诚信原则，如实核算投资收益，确保分红入账准确无误；同时，应积极学习庆乐村和均致村的投资经验，积极探索新思路、新方法，通过创新思维为乡村经济发展注入新活力，为乡村振兴贡献力量。

项目测试6-1

在线答题

项目测试6-2

拓展练习

📝 项目测试

一、单选题

1.农村集体经济组织的短期投资入账价值应包含（　　）。

A.购买价款　　　　　　　　　　B.相关税费

C.已宣告未发放的股利　　　　　D.实际支付的价款和相关税费

2.被投资单位宣告分派股票股利时，农村集体经济组织应（　　）。

A.借记"短期投资"　　　　　　　B.贷记"投资收益"

C.借记"应收款"　　　　　　　　D.仅做备查登记

3.以固定资产进行长期股权投资时，贷方不会出现的科目是（　　）。

A."固定资产"　　　　　　　　　B."累计折旧"

C."公积公益金"　　　　　　　　D."经营收入"

4.长期股权投资采用非货币资产出资时，其入账价值基础是（　　）。

A.历史成本　　　　　　　　　　B.账面净值

C.评估价值　　　　　　　　　　D.市场报价

5.期末"投资收益"科目余额在借方表示（　　）。

A.投资净收益　　　　　　　　　B.未实现收益

C.投资净损失　　　　　　　　　D.投资收益暂挂

二、多选题

1.处置短期投资时可能贷记的科目有（　　）。

A.短期投资　　　　　　　　　　B.应收款

C.经营支出　　　　　　　　　　D.投资收益

2.长期投资可能包括（　　　）。

A.对其他企业的股权投资　　　　　　B.长期债券投资

C.3个月到期的国债　　　　　　　　D.联营企业投资

3.以非货币资产进行长期投资时，可能涉及（　　　）。

A.转销累计折旧　　　　　　　　　　B.确认应交税费

C.调整公积公益金　　　　　　　　　D.核销原资产账面价值

4.关于投资收益的结转，下列说法正确的有（　　　）。

A.期末必须结转至本年收益　　　　　B.可以保留余额至下年

C.贷方余额表示净收益　　　　　　　D.借方余额表示净损失

5.可能影响"投资收益"科目金额的业务有（　　　）。

A.被投资方宣告分红　　　　　　　　B.处置长期债券投资

C.确认股权投资损失　　　　　　　　D.收到政府补助

三、判断题

1.短期投资的持有期限可以超过1年。　　　　　　　　　　　　　　（　　）

2.长期债券投资如果剩余期限不足1年，应转为短期投资核算。　　（　　）

3.以生产性生物资产进行投资时，不需要转销其累计折旧。　　　　（　　）

4.长期投资的入账价值可以超过出资资产的账面净值。　　　　　　（　　）

5.投资收益期末结转后应无余额。　　　　　　　　　　　　　　　（　　）

四、业务题

1.某农村集体经济组织2025年3月3日购入A公司股票1 000股作为短期投资，2025年发生如下短期投资业务：

（1）3月3日，购入X公司股票1 000股作为短期投资，每股价格15元，另支付佣金等费用300元；

（2）5月6日，X公司宣告每股分派现金股利0.8元；

（3）5月23日，收到上述现金股利；

（4）6月3日，以每股18元的价格出售全部股票，支付手续费400元。

要求：编制以上4笔业务的相关会计分录。

2.某农村集体经济组织2025年3月发生如下经济业务：

（1）将账面价值80 000元的长期股权投资以100 000元出售，含已宣告未发放股利5 000元；

（2）另一项长期股权投资因被投资方破产，账面价值50 000元，预计可收回20 000元。

要求：编制以上2笔业务的相关会计分录。

项目评价

本项目评价见表6-6。

表6-6 项目评价表

项目名称		投资业务的核算		
评价要点		学生自评（50%）	教师评价（50%）	评分标准说明
知识掌握（30分）	掌握短期投资与长期投资的分类、账户设置及核算方法（10分）			• 优秀（9~10分）：全面掌握知识，技能熟练，素养突出，能独立解决复杂问题 • 良好（7~8分）：知识较扎实，技能达标，素养良好，需在部分领域提升 •合格（5~6分）：基本达到要求，但存在知识漏洞或技能不足，需要有针对性改进 •待提高（5分以下）：核心知识/技能缺失，需要系统化补足基础
	熟悉投资收益确认、处置及损失的账务处理规则（10分）			
	理解货币与非货币性投资的入账价值差异及核算要点（10分）			
技能应用（40分）	能完成短期投资业务的账务处理（10分）			
	能完成长期投资的账务处理（10分）			
	能完成投资获利的账务处理（10分）			
	能完成投资损失及赔偿的账务处理（10分）			
素质养成（30分）	具有风险防范意识，维护集体资产安全（10分）			
	具有合规意识，遵循会计准则（10分）			
	具有服务集体经济发展的责任感，践行诚信廉洁，能与团队协作完成任务（10分）			
综合评价成绩（100分）				

学生自评：

学生签字：

教师评语：

教师签字：

项目七 收益及收益分配业务的核算

学习目标

知识目标

1. 掌握收益的计算逻辑及分配顺序的核算规则。
2. 熟悉所得税费用确认原则与税务处理流程。
3. 理解收益调整与分配方案的会计处理方法。

技能目标

1. 能规范完成收益结转、公积公益金提取等分配操作。
2. 能准确核算所得税费用并完成纳税申报处理。
3. 能规范处理收益分配调整及跨年度账务更正。

素养目标

1. 树立收益分配公正意识，恪守集体资产处置纪律。
2. 强化依法纳税观念，筑牢财务合规管理底线。
3. 厚植服务乡村振兴情怀，提升集体经济发展使命感。

【知识导图】

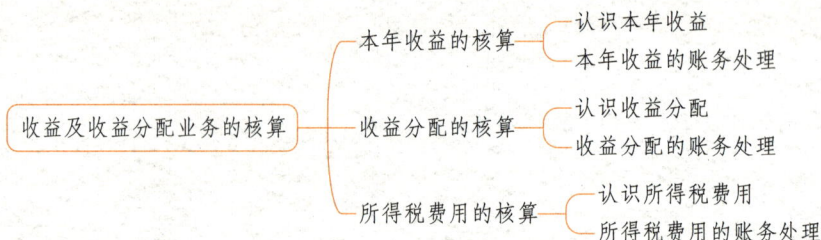

【项目导入】

某村经济合作社（小型微利企业）正在进行2024年年末收益的结转、分配及税务处理。具体情况如下：

（1）2024年度，合作社实现经营收入共计1 200 000元，进行股权投资获得分红收益80 000元。经营支出500 000元，管理费用100 000元，公益支出200 000元，其他支出100 000元，税金及附加20 000元。

（2）分配方案决定提取公积公益金比例为净收益的20%；向成员分配收益，金额为150 000元；其余留作未分配收益。

相关原始凭证：

（1）年度收入和支出明细表、投资分红收益证明；

（2）税务申报表及完税证明；

（3）成员分配方案表决会议记录。

思考：会计张梅如何根据上述业务完成收益核算、分配及税务处理？

任务一　本年收益的核算

收益，是指农村集体经济组织在一定会计期间的经营成果。村集体应设置"本年收益"科目进行收益的核算。

一、认识本年收益

1.概念

农村集体经济组织的本年收益，是指该组织在本年度的经营成果。

2.收益的相关计算公式

（1）收益总额=经营收益+其他收入-公益支出-其他支出

其中：经营收益=经营收入+投资收益+补助收入-经营支出-税金及附加-管理费用

（2）净收益=收益总额-所得税费用

知识精讲7-1

本年收益的核算

二、本年收益的账务处理

农村集体经济组织本年收益的账务处理见表7-1。

表7-1　　　　　　　　　　　　　本年收益的账务处理

经济业务	账务处理
（1）结转收入	借：经营收入/补助收入/其他收入 　　贷：本年收益
（2）结转支出	借：本年收益 　　贷：经营支出/税金及附加/管理费用/公益支出/其他支出/所得税费用
（3）结转投资收益	借：投资收益 　　贷：本年收益 （说明：如为投资净损失，做相反的会计分录）
（4）净收益结转至收益分配	借：本年收益 　　贷：收益分配——未分配收益 （说明：如为净亏损，做相反的会计分录）

【工作实例7-1】结转收入、支出

2025年3月，新村经济合作社各项收入支出账户余额见表7-2。

表7-2　　　　　　　　新村经济合作社各项收入支出账户余额表　　　　　　　　单位：元

账户名称	借方	贷方
经营收入——销售收入		890 000
经营收入——劳务收入		77 000
经营收入——出租收入		86 000
经营收入——发包收入		247 000
补助收入		500 000
其他收入		100 000
投资收益		0
税金及附加	20 000	
经营支出	500 000	
管理费用	120 000	
公益支出	250 000	
所得税费用	38 500	
其他支出	200 000	

会计分录为：

（1）结转收入时：

经营收入=890 000+77 000+86 000+247 000=1 300 000（元）

借：经营收入	1 300 000	
补助收入	500 000	
其他收入	100 000	
贷：本年收益		1 900 000

（2）结转支出费用时：

借：本年收益	1 128 500	
贷：经营支出		500 000
税金及附加		20 000
管理费用		120 000
公益支出		250 000
其他支出		200 000
所得税费用		38 500

【工作实例7-2】净收益结转至收益分配

接【工作实例7-1】，结转本年净收益，会计分录为：

本年净收益=1 900 000-1 128 500=771 500（元）

借：本年收益	771 500	
贷：收益分配——未分配收益		771 500

任务二　收益分配的核算

一、认识收益分配

知识精讲7-2

收益分配的核算

1.概念

农村集体经济组织的本年可分配收益，是指当年收益与年初未分配收益之和。

2.收益的分配顺序

农村集体经济组织可分配收益按以下顺序进行分配：

弥补以前年度亏损→提取公积公益金，提取比例按章程确定→向成员分配收益→其他。

3.账户及账簿设置

农村集体经济组织应设置所有者权益类账户"收益分配"，按照收益的用途，设置"各项分配"和"未分配收益"两个二级科目，进行明细核算。

二、收益分配的账务处理

收益分配的账务处理见表7-3。

表7-3	收益分配的账务处理
经济业务	账务处理
（1）公积公益金弥补亏损	借：公积公益金 　　贷：收益分配——未分配收益
（2）本年收益结转未分配收益	借：本年收益 　　贷：收益分配——未分配收益 （说明：如为净亏损，做相反的会计分录）
（3）按照规定提取公积公益金、分配股利	借：收益分配——各项分配 　　贷：公积公益金/内部往来等
（4）将各项分配结转至未分配收益	借：收益分配——未分配收益 　　贷：收益分配——各项分配 （年末，"收益分配——各项分配"科目应无余额）
（5）年终结账后发现的收入支出业务	①调整增加本年收益时： 借：有关科目 　　贷：收益分配——未分配收益 ②调整减少本年收益时： 借：收益分配——未分配收益 　　贷：有关科目

【工作实例7-3】用公积公益金弥补亏损

2025年3月31日，新村经济合作社经成员大会表决通过，用以前年度提取的公积公益金弥补亏损4 000元。会计分录为：

借：公积公益金　　　　　　　　　　　　　　　　　　　　　　　4 000
　　贷：收益分配——未分配收益　　　　　　　　　　　　　　　　　4 000

【工作实例7-4】提取公积公益金、分配股利

2025年3月，新村经济合作社实现收益800 000元，经成员大会集体批准后，决定按以下方案对收益进行分配：按40%提取公积公益金，按60%分配给内部成员。会计分录为：

（1）进行收益分配计算：

提取公积公益金=800 000×40%=320 000（元）

分配股利=800 000×60%=480 000（元）

借：收益分配——各项分配（提取公积公益金）　　　　　　　320 000
　　　　　　——各项分配（成员分配）　　　　　　　　　　480 000
　　贷：公积公益金　　　　　　　　　　　　　　　　　　　　320 000
　　　　内部往来——各成员　　　　　　　　　　　　　　　　480 000

（2）支付成员分配款：

借：内部往来——各成员　　　　　　　　　　　　　　　　　480 000

　　　　贷：银行存款　　　　　　　　　　　　　　　　　　　　480 000

【工作实例7-5】将各项分配结转至未分配收益

　　接【工作实例7-4】，2025年3月31日，新村经济合作社将各项分配结转未分配收益。会计分录为：

　　借：收益分配——未分配收益　　　　　　　　　　　　　800 000
　　　　贷：收益分配——各项分配（提取公积公益金）　　　　320 000
　　　　　　　　　　　　——各项分配（成员分配）　　　　　480 000

【工作实例7-6】结账后发现少计银行存款利息

　　2025年1月21日，新村经济合作社发现2024年度结转时少计银行存款利息收入1 000元。会计分录为：

　　借：银行存款　　　　　　　　　　　　　　　　　　　　1 000
　　　　贷：收益分配——未分配收益　　　　　　　　　　　　1 000

【工作实例7-7】结账后发现购买办公用品费用已支出但未记账

　　2025年1月21日，新村经济合作社发现2024年12月26日购买的办公用品尚未入账，增值税发票上列明为A4纸500元，会计分录为：

　　借：收益分配——未分配收益　　　　　　　　　　　　　500
　　　　贷：应付款——办公用品　　　　　　　　　　　　　　500

任务三　所得税费用的核算

知识精讲7-3

所得税费用的核算

一、认识所得税费用

1.概念

　　农村集体经济组织的所得税费用，是指将其应税收益的一定比例以所得税方式向国家缴纳的费用。

2.账户及账簿设置

　　农村集体经济组织应当设置损益类科目"所得税费用"进行核算。

二、所得税费用的账务处理

　　农村集体经济组织所得税费用的账务处理见表7-4。

表7-4　　　　　　　　　　　所得税费用的账务处理

经济业务	账务处理
（1）计算当期应纳所得税额	借：所得税费用 　　贷：应交税费——应交所得税　（应纳税所得额×适用的所得税税率）
（2）期末结转	借：本年收益 　　贷：所得税费用

【工作实例7-8】计算应纳所得税额

2025年3月31日，假设新村经济合作社实现经营收入共计1 300 000元、补助收入500 000元、其他收入100 000元；发生经营支出共计500 000元，管理费用120 000元，公益支出250 000元，其他支出200 000元，税金及附加20 000元。假设无其他调整项目。

（1）计算应纳税所得额。

应纳税所得额=（1 300 000+500 000+100 000−500 000−120 000−250 000−200 000−20 000）×25%
　　　　　　=810 000×25%=202 500（元）

（2）计算当月应交所得税。

当月应交所得税=202 500×20%=40 500（元）

（3）会计分录为：

借：所得税费用　　　　　　　　　　　　　　　　　　　　　　　　40 500
　　贷：应交税费——应交所得税　　　　　　　　　　　　　　　　　　　40 500

政策依据7-1

《财政部 税务总局关于进一步支持小微企业和个体工商户发展有关税费政策的公告》（财政部 税务总局公告2023年第12号）指出，小型微利企业减按25%计算应纳税所得额，再按20%的税率缴纳企业所得税。

【工作实例7-9】结转所得税

知识拓展7-1

接【工作实例7-8】，2025年3月31日，新村经济合作社按照规定结转所得税费用借方余额，会计分录为：

借：本年收益　　　　　　　　　　　　　　　　　　　　　　　　　40 500
　　贷：所得税费用　　　　　　　　　　　　　　　　　　　　　　　　　40 500

小微企业的定义

项目实施

针对"项目导入"中的经济业务，相关账务处理程序如下：

第一步：本年收益的核算。

（1）业务流程：

① 结转经营收入、投资收益和其他收入。

② 结转经营支出、管理费用、公益支出、其他支出和税金及附加。

③ 计算本年收益总额及净收益。

（2）会计分录为：

①结转收入：

借：经营收入　　　　　　　　　　　　　　　　　　　　　　　1 200 000
　　投资收益　　　　　　　　　　　　　　　　　　　　　　　　　80 000
　　贷：本年收益　　　　　　　　　　　　　　　　　　　　　　　1 280 000

②结转支出：

借：本年收益　　　　　　　　　　　　　　　　　　　　　　　　920 000

　　贷：经营支出　　　　　　　　　　　　　　　　　　　　500 000

　　　　管理费用　　　　　　　　　　　　　　　　　　　　100 000

　　　　公益支出　　　　　　　　　　　　　　　　　　　　200 000

　　　　其他支出　　　　　　　　　　　　　　　　　　　　100 000

　　　　税金及附加　　　　　　　　　　　　　　　　　　　 20 000

（3）计算本年收益总额：

本年收益总额＝1 280 000－920 000＝360 000（元）

第二步： 所得税费用的核算。

（1）业务流程：

① 应纳税所得额＝360 000×25%＝90 000（元）

② 应缴纳企业所得税税额＝90 000×20%＝18 000（元）

（2）会计分录为：

①计算所得税费用：

　　借：所得税费用　　　　　　　　　　　　　　　　　　　18 000

　　　　贷：应交税费——应交所得税　　　　　　　　　　　　　18 000

②结转所得税费用：

　　借：本年收益　　　　　　　　　　　　　　　　　　　　18 000

　　　　贷：所得税费用　　　　　　　　　　　　　　　　　　　18 000

（3）计算净收益：

净收益＝360 000－18 000＝342 000（元）

第三步： 收益分配的核算。

（1）业务流程：

① 将本年净收益结转至"收益分配——未分配收益"。

② 提取公积公益金。

③ 向成员分配收益。

④ 结转各项分配至"收益分配——未分配收益"。

（2）会计分录：

①结转本年净收益：

　　借：本年收益　　　　　　　　　　　　　　　　　　　 342 000

　　　　贷：收益分配——未分配收益　　　　　　　　　　　　　342 000

②提取公积公益金：

提取公积公益金＝342 000×20%＝68 400（元）

　　借：收益分配——各项分配（公积公益金）　　　　　　　　68 400

　　　　贷：公积公益金　　　　　　　　　　　　　　　　　　　68 400

③向成员分配收益：

　　借：收益分配——各项分配（成员分配）　　　　　　　　 150 000

　　　　贷：内部往来——各成员　　　　　　　　　　　　　　 150 000

④兑付成员分配款：

借：内部往来——各成员　　　　　　　　　　　　150 000

　　贷：银行存款　　　　　　　　　　　　　　　　　　　150 000

⑤结转各项分配至未分配收益：

借：收益分配——未分配收益　　　　　　　　　　218 400

　　贷：收益分配——各项分配（公积公益金）　　　　　　68 400

　　　　　　　　——各项分配（成员分配）　　　　　　　150 000

育德润心

台江县南林村发放2024年村集体经济分红款

　　2025年1月某天，黔东南州台江县排羊乡南林村举行了一场热闹的分红大会，一摞摞崭新的现金整齐摆放，村民们喜笑颜开，有序排队领取分红款。

　　村党支部书记杨昌梅公布了2024年村集体经济经营收益情况及收益分配方案，现场公布每家每户的分红金额。57户村民共分得88 350元，每户分红1 550元。分红过程中，村民们核对信息、确认身份、签字按手印，村支书和第一书记逐户发放分红款，确保分配公开透明。

　　南林村通过"党支部+企业+合作社+农户"的发展模式，创新"林药套种"等绿色生态发展模式，扩大冰球子种植规模，取得了喜人成果；目前，南林村已发展3 800余亩冰球子种植，合作社领种面积达2 800余亩，为村集体带来了可观的经济收益，也是壮大村集体经济的生动体现。

　　资料来源：华姝. 领钱啦！台江县南林村发放2024年村集体经济分红款［EB/OL］.［2025-01-09］.https://baijiahao.baidu.com/s?id=1820769655465751636&wfr=spider&for=pc.

　　德育要素：共同富裕　责任意识

　　职业点拨：南林村通过发展集体经济，让村民共享集体经济发展成果，增强了村民的集体荣誉感和归属感，实现了共同富裕。会计人员应强化责任意识与专业能力，通过精准的收益分配核算与财务管理，助力村集体经济健康发展，树立为集体谋福祉的职业价值观。

📝 项目测试

项目测试7-1

在线答题

项目测试7-2

拓展练习

一、单选题

1.计算经营收益时，下列属于减项的是（　　　）。

A.投资收益　　　　　　　　　　　　B.补助收入

C.税金及附加　　　　　　　　　　　D.其他收入

2.结转净亏损时，应（　　　）。

A.借记"本年收益"　　　　　　　　　B.贷记"收益分配"

C.借记"经营支出"　　　　　　　　　D.借记"收益分配"，贷记"本年收益"

3."收益分配"科目属于（　　　）。

A.资产类科目　　　　　　　　　　　B.所有者权益类科目

C.负债类科目　　　　　　　　　　　　D.损益类科目

4.年终结账后发现少计收入，应（　　　）。

A.借记相关科目，贷记"收益分配"科目

B.借记"收益分配"科目，贷记相关科目

C.直接调整本年收益

D.计入下年收入

5.小型微利企业减按25%计算应纳税所得额，再按（　　　）的税率缴纳企业所得税。

A.25%　　　　　B.20%　　　　　C.5%　　　　　D.15%

二、多选题

1.收益分配可能包括（　　　）。

A.弥补亏损　　　　　　　　　　　　　B.提取公积公益金

C.成员分配　　　　　　　　　　　　　D.其他分配

2.关于收益分配，下列说法正确的有（　　　）。

A.需要设置"各项分配"明细科目　　　B.分配顺序可由组织自行决定

C.需要设置"未分配收益"明细科目　　D.公积公益金提取比例按章程确定

3."收益分配"科目核算内容包括（　　　）。

A.当年实现的净收益　　　　　　　　　B.年初未分配收益

C.经营收入　　　　　　　　　　　　　D.各项分配金额

4.年终结账后调整事项可能涉及（　　　）。

A.调整收入　　　B.调整支出　　　C.调整资产　　　D.调整收益分配

5.关于所得税费用，下列说法正确的有（　　　）。

A.从收益总额中扣除　　　　　　　　　B.期末结转至本年收益

C.属于经营支出　　　　　　　　　　　D.结转后期末无余额

三、判断题

1.净收益＝收益总额－所得税费用。　　　　　　　　　　　　　　（　　　）

2.当年净亏损时也可以进行收益分配。　　　　　　　　　　　　　（　　　）

3.公积公益金的提取比例由成员大会决定。　　　　　　　　　　　（　　　）

4.收益分配后，"收益分配"科目应无余额。　　　　　　　　　　　（　　　）

5.所有农村集体经济组织都适用25%的企业所得税税率。　　　　　（　　　）

四、业务题

1.某农村集体经济组织2025年初"收益分配——未分配收益"贷方余额50 000元，当年实现净收益200 000元。按章程规定：

（1）提取公积公益金（净收益的20%）；

（2）向成员分配150 000元；

（3）其余留作未分配收益。

要求：

（1）分别计算可分配收益、提取公积公益金、向成员分配、未分配收益项目金额。

（2）分别编制结转收益、提取公积公益金、成员分配、结转分配的会计分录。

2.某农村集体经济组织2024年收益总额为800 000元，符合小型微利企业条件。

要求：计算该农村集体经济组织应纳税所得额和应纳所得税额，并编制确认和结转所得税费用的会计分录。

项目评价

本项目评价见表7-5。

表7-5　　　　　　　　　　　　项目评价表

项目名称	收益及收益分配业务的核算			
	评价要点	学生自评（50%）	教师评价（50%）	评分标准说明
知识掌握（30分）	掌握收益计算的逻辑及分配顺序的核算规则（10分）			• 优秀（9~10分）：全面掌握知识，技能熟练，素养突出，能独立解决复杂问题 • 良好（7~8分）：知识较扎实，技能达标，素养良好，需在部分领域提升 • 合格（5~6分）：基本达到要求，但存在知识漏洞或技能不足，需要有针对性改进 • 待提高（5分以下）：核心知识/技能缺失，需要系统化补足基础
	熟悉所得税费用确认原则与税务处理流程（10分）			
	理解收益调整与分配方案的会计处理方法（10分）			
技能应用（40分）	能完成收益结转的账务处理（10分）			
	能完成公积公益金提取的账务处理（10分）			
	能准确核算所得税费用并完成纳税申报处理（10分）			
	能规范处理收益分配调整及跨年度账务更正（10分）			
素质养成（30分）	具有公正分配收益的意识（10分）			
	具有依法纳税观念（10分）			
	具有服务集体经济发展的责任感，能与团队协作完成任务（10分）			
综合评价成绩（100分）				
学生自评： 　　　　　　　　　　　　　　　学生签字：				
教师评语： 　　　　　　　　　　　　　　　教师签字：				

学习目标

知识目标

1. 掌握财产清查的范围及时间。
2. 掌握各项资产清查的方法。
3. 掌握负债清查的方法。

技能目标

1. 能编制银行存款余额调节表。
2. 能完成各项资产清查的账务处理。
3. 能完成负债核销的实务操作。

素养目标

1. 树立规范管理意识，强化财务透明理念，维护村集体资产安全。
2. 培养服务村民的担当精神，践行民主监督，促进集体经济健康发展
3. 树立终身学习理念，主动适应农村财务变革需求。

【知识导图】

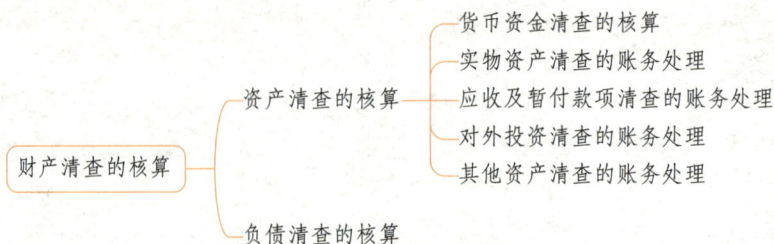

```
                                          货币资金清查的核算
                                          实物资产清查的账务处理
                      资产清查的核算 ──── 应收及暂付款项清查的账务处理
                                          对外投资清查的账务处理
财产清查的核算 ───┤                        其他资产清查的账务处理

                      负债清查的核算
```

【项目导入】

2025年3月，某村经济合作社计划进行全面的财产清查，以确保账实相符。具体情况如下：

（1）货币资金清查：

库存现金盘点发现比账面余额多出200元，原因不明。

（2）实物资产清查：

① 库存物资盘点发现盘盈种子一批，市场价为5 000元。

② 固定资产盘点发现盘亏一台笔记本电脑，原值4 500元，已提折旧2 500元。

（3）债权债务清查：

① 发现外村陈某所欠款项1 500元已无法收回。

② 发现胜利公司因经营困难已注销，应付该公司原材料款25 000元无法支付。

（4）对外投资清查：

发现持有的丙公司短期债券250 000元因公司负债过高，有重大赎回风险，以200 000元的价格赎回。

相关原始凭证如下：

（1）库存现金盘点表；

（2）库存物资盘点表；

（3）固定资产盘点表及报废审批文件；

（4）坏账确认证明及债务豁免协议；

（5）投资赎回协议及银行回单。

思考：会计张梅如何根据上述清查结果完成相关账务处理？

任务一　资产清查的核算

农村集体经济组织的财产清查，是指对农村集体经济组织的各项财产进行实物盘点、账面核对，并对各项往来款项进行查询、核对，以保证账账、账实相符的一种专门方法。清查范围是农村集体经济组织的全部资产和负债。清查时间通常是在年末、季末或月末结账前，也可根据需要进行临时盘点和核对。

农村集体经济组织资产清查的内容包括：货币资金清查、实物资产清查、应收及暂付款项清查、对外投资清查，以及其他资产清查。

一、货币资金清查的核算

（一）库存现金清查的账务处理

库存现金清查的基本方法是实地盘点法，即将库存现金盘点的实有数与库存现金日记账的余额进行核对，来查明库存现金是否账实相符。

对库存现金进行清查时，若发现原因待查的现金溢余、短缺情况，应使用"待处理财产损溢"科目进行核算，相关账务处理见表8-1。

表8-1　　库存现金清查的账务处理

经济业务	查明原因前	查明原因后
（1）现金溢余	借：库存现金 　贷：待处理财产损溢	借：待处理财产损溢 　贷：其他收入
（2）现金短缺	借：待处理财产损溢 　贷：库存现金	借：内部往来　　　　（内部责任人赔偿） 　　应收款　　（外部责任人或保险公司赔偿） 　　其他支出　　　　　　　　（差额） 　贷：待处理财产损溢

【工作实例8-1】现金溢余

2025年3月17日，新村经济合作社对库存现金进行临时盘点，发现库存现金比账面余额多出100元。经核查，溢余现金原因不明，经批准，将其作为其他收入处理。会计分录为：

（1）发现现金溢余：

借：库存现金　　　　　　　　　　　　　　　　　　　　　100

　贷：待处理财产损溢——待处理流动资产损溢　　　　　　　100

（2）审批后：

借：待处理财产损溢——待处理流动资产损溢　　　　　　　100

　贷：其他收入　　　　　　　　　　　　　　　　　　　　100

【工作实例8-2】现金短缺

2025年3月31日，新村经济合作社对库存现金进行月末盘点，发现库存现金比账面余额少了200元。经核实，是出纳员张三收到假币造成的，全部由其赔偿，赔偿款尚未收到。会计分录为：

（1）发现现金短缺时：

借：待处理财产损溢——待处理流动资产损溢　　　　　　　200

　贷：库存现金　　　　　　　　　　　　　　　　　　　　200

（2）审批后：

借：内部往来——张三　　　　　　　　　　　　　　　　　200

　贷：待处理财产损溢——待处理流动资产损溢　　　　　　　200

（二）银行存款的清查

银行存款的清查，是指将农村集体经济组织的银行存款日记账与开户银行提供的银行对账单进行核对，至少每月核对一次。

银行对账的结果不一致，有可能存在下列情况：第一，银行或者农村集体经济组织某一方或双方存在记账错误；第二，可能存在未达账项。

特别提示8-1

未达账项是指农村集体经济组织与开户银行之间，对同一项经济业务由于期末银行结算凭证传递时间的差异而造成一方已入账、另一方尚未入账的账项。

如果存在未达账项，应编制银行存款余额调节表进行调节，使双方余额相等。

特别提示8-2

银行和农村集体经济组织哪方没有记账就帮哪方补记账。没有收款的补记增加，没有付款的补记减少。

【工作实例8-3】编制银行存款余额调节表

2025年3月31日，新村经济合作社银行存款日记账的账面余额为165 800元，银行对账单的余额为170 820元。经逐笔核对，发现以下未达账项，要求编制银行存款余额调节表。

（1）合作社送存转账支票1张，金额4 000元，合作社已经入账，但银行尚未入账。

（2）银行已收到合作社托收的货款6 200元，银行已经入账，但合作社尚未入账。

（3）合作社开出转账支票1张，金额3 200元，持票单位尚未到银行办理转账，合作社已经入账，银行尚未入账。

（4）银行代合作社支付电费380元，银行已经入账，但合作社尚未入账。

根据上述资料，会计人员编制的银行存款余额调节表见表8-2。

表8-2   **银行存款余额调节表**

编制单位：新村经济合作社   编制日期：2025年3月31日   单位：元

项目	金额	项目	金额
银行存款日记账余额	165 800	银行对账单余额	170 820
加：银行已收合作社未收	6 200	加：合作社已收银行未收	4 000
减：银行已付合作社未付	380	减：合作社已付银行未付	3 200
调节后的存款余额	171 620	调节后的存款余额	171 620

特别提示8-3

（1）经过上述调整后的余额171 620元是农村集体经济组织银行存款的实有数。

（2）"银行存款余额调节表"只是为了核对账目，它不是原始凭证，不能作为记账依据，对于农村集体经济组织尚未入账的未达账项，要收到结算凭证后，才能进行账务处理。

二、实物资产清查的账务处理

农村集体经济组织实物资产清查包括库存物资、消耗性生物资产等流动性实物资产的清查，以及固定资产、生产性生物资产、公益性生物资产、在建工程等非流动性实物资产的清查。

1.流动性实物资产清查的账务处理

流动性实物资产的清查一般采用实地盘点法，相关账务处理见表8-3。

表8-3　　　　　　　　　流动性实物资产清查的账务处理

经济业务	审批前	审批后
（1）盘盈	借：库存物资/消耗性生物资产（市场价或评估价） 　　贷：待处理财产损溢	借：待处理财产损溢 　　贷：其他收入
（2）盘亏	借：待处理财产损溢 　　贷：库存物资/消耗性生物资产	借：应收款（外部责任人或保险公司赔偿） 　　内部往来（内部责任人赔偿） 　　其他支出（差额） 　　贷：待处理财产损溢

【工作实例8-4】盘盈水稻种子

2025年3月31日，新村经济合作社对库存物资进行盘点，发现盘盈水稻种子一批，市场价格为10 000元。会计分录为：

（1）盘盈时：

借：库存物资——水稻种子　　　　　　　　　　　　　　　　10 000
　　贷：待处理财产损溢——待处理流动资产损溢　　　　　　　　　　10 000

（2）审批后：

借：待处理财产损溢——待处理流动资产损溢　　　　　　　　10 000
　　贷：其他收入——盘盈水稻种子　　　　　　　　　　　　　　　　10 000

【工作实例8-5】盘亏肉鸡

2025年3月31日，新村经济合作社对农场资产进行清查盘点，发现少了5只肉鸡。经查，系饲养员李四护理不当导致死亡，每只肉鸡入账价60元。按规定程序批准后，由饲养员赔偿150元，其余损失由合作社承担。会计分录为：

（1）盘亏肉鸡时：

借：待处理财产损溢——待处理流动资产损溢　　　　　　　　300
　　贷：消耗性生物资产——肉鸡　　　　　　　　　　　　　　　　300

（2）审批后：

借：内部往来——李四　　　　　　　　　　　　　　　　　　150

借：其他支出——消耗性生物资产盘亏　　　　　　　　　　　　150
　　贷：待处理财产损溢——待处理流动资产损溢　　　　　　　　　　300

2.非流动性实物资产清查的账务处理

农村集体经济组织应当定期对固定资产、生产性生物资产、公益性生物资产、在建工程等非流动性实物资产进行清查，每年至少全面清查盘点一次。

非流动性实物资产清查一般采用实地盘点法，相关账务处理见表8-4。

表8-4　　　　　　　　　　　　非流动性实物资产清查的账务处理

经济业务	审批前	审批后
（1）盘盈	借：固定资产/生产性生物资产（市场价或评估价-估计折旧） 　　贷：待处理财产损溢	借：待处理财产损溢 　　贷：其他收入
（2）盘亏	借：待处理财产损溢（差额） 　　累计折旧/生产性生物资产累计折旧（已提折旧） 　　贷：固定资产/生产性生物资产（原价）	借：应收款（外部责任人或保险公司赔偿） 　　内部往来（内部责任人赔偿） 　　其他支出（差额） 　　库存物资（残料） 　　贷：待处理财产损溢

【工作实例8-6】盘亏在建工程

2025年3月31日，新村经济合作社对在建工程进行盘点，发现一座在建的桥梁毁损，已经不适合重建。该在建工程实际建造价值65 000元。经合作社成员代表大会讨论决议做报废处理，全部财产损失由合作社承担。会计分录为：

（1）盘亏在建工程时：

借：待处理财产损溢——待处理非流动资产损溢　　　　　　　65 000
　　贷：在建工程——桥梁　　　　　　　　　　　　　　　　　　65 000

（2）审批后：

借：其他支出——在建工程毁损　　　　　　　　　　　　　　65 000
　　贷：待处理财产损溢——待处理非流动资产损溢　　　　　　　65 000

【工作实例8-7】盘亏笔记本电脑

2025年3月31日，新村经济合作社进行财产清查，发现盘亏一台笔记本电脑，账面价值4 500元，已提折旧2 500元。经查系保管人员王某保管不当造成，决定由其赔偿现金1 000元，其余损失已经批准列入其他支出。会计分录为：

（1）盘亏时：

借：待处理财产损溢——待处理非流动资产损溢　　　　　　　2 000
　　累计折旧　　　　　　　　　　　　　　　　　　　　　　　2 500
　　贷：固定资产——笔记本电脑　　　　　　　　　　　　　　　4 500

（2）审批后：

借：其他支出——固定资产盘亏支出　　　　　　　　　　　　1 000

借：内部往来——王某　　　　　　　　　　　　　　　　　　1 000
　　贷：待处理财产损溢——待处理非流动资产损溢　　　　　　　　2 000

三、应收及暂付款项清查的账务处理

农村集体经济组织应收及暂付款项的清查方法一般采用询证核实法或查询核实法，相关账务处理见表8-5。

表8-5　　　　　　　　　　　应收及暂付款项清查的账务处理

经济业务	账务处理
确实无法收回的应收及暂付款项	借：其他支出——坏账损失 　　贷：应收款（外单位及个人）/内部往来（内部成员）

【工作实例8-8】处理无法收回的应收款

外村张某多年下落不明，之前所欠的新村经济合作社款项1 500元经核实确认已无法收回。会计分录为：

借：其他支出——坏账损失　　　　　　　　　　　　　　　　　1 500
　　贷：应收款——张某　　　　　　　　　　　　　　　　　　　1 500

四、对外投资清查的账务处理

农村集体经济组织对外投资包括短期投资和长期投资，清查方法一般采用查询核实法。相关账务处理见表8-6。

表8-6　　　　　　　　　　　对外投资清查的账务处理

经济业务	账务处理
（1）清理短期投资	借：银行存款　　　　　　　　　　　　（实收价款） 　　贷：短期投资　　　　　　　　　　　（账面余额） 　　　　应收款　　　（尚未领取的现金股利、利润或利息） 借/贷：投资收益　　　　　　　　　　　（差额）
（2）清理长期投资	借：应收款　　　　　　　　　（外部责任人或保险公司赔偿） 　　　内部往来　　　　　　　　　（内部责任人赔偿） 　　贷：长期投资　　　　　　　　　　　（账面余额） 借/贷：投资收益　　　　　　　　　　　（差额）

【工作实例8-9】赎回短期债券

2025年3月31日，新村经济合作社对购买的短期债券进行清查，发现有购买的丙公司短期债券250 000元，因公司负债过高，有重大赎回风险，按规定程序批准后，当日以200 000元的价格赎回。会计分录为：

借：银行存款　　　　　　　　　　　　　　　　　　　　　200 000
　　投资收益——债券投资　　　　　　　　　　　　　　　　 50 000

贷：短期投资——债券投资（丙公司） 250 000

【工作实例8-10】清理长期投资

2025年3月31日，新村经济合作社对长期投资进行清查，发现投资丁公司的60 000元的股权（占丁公司股权比例20%），该公司2024年10月已进行破产清算，全部投资无法收回。经合作社讨论决议，由合作社承担全部损失。会计分录为：

借：投资收益——丁公司 60 000

贷：长期投资——丁公司 60 000

五、其他资产清查的账务处理

农村集体经济组织应定期对无形资产和长期待摊费用等其他资产进行清查，相关账务处理见表8-7。

表8-7 其他资产清查的账务处理

经济业务	审批前	审批后
（1）盘盈	借：无形资产（评估价或市场价或名义金额） 　　贷：待处理财产损溢	借：待处理财产损溢 　　贷：其他收入
（2）盘亏	借：待处理财产损溢　　　　　　（差额） 　　贷：无形资产　　　　　　　　（原价）	借：应收款　（外部责任人或保险公司赔偿） 　　内部往来　　　　（内部责任人赔偿） 　　其他支出　　　　　　　　　　（差额） 　　贷：待处理财产损溢

【工作实例8-11】盘盈火龙果苗培植技术

2025年3月31日，新村经济合作社对无形资产进行清查，发现一项火龙果苗培植技术尚未入账，市场同类专利技术参考价为15 000元。按规定程序批准后，计入其他收入。会计分录为：

（1）审批前：

借：无形资产——专利技术 15 000

贷：待处理财产损溢——待处理非流动资产损溢 15 000

（2）审批后：

借：待处理财产损溢——待处理非流动资产损溢 15 000

贷：其他收入——资产盘盈 15 000

知识精讲8-2

负债清查的核算

任务二　负债清查的核算

农村集体经济组织负债清查包括流动负债清查和非流动负债清查，一般采用询证核实法或查询核实法。负债清查的账务处理见表8-8。

表8-8 负债清查的账务处理

经济业务	账务处理
(1) 清理流动负债	确实无法偿还的应付及暂收款项或获得债权人的债务豁免时： 借：应付款 贷：其他收入——无法偿付款项
(2) 清理非流动负债	确实无法偿付的长期借款及应付款项或获得债权人的债务豁免时： 借：长期借款及应付款 贷：其他收入——债务豁免收入

【工作实例8-12】处理无法继续支付的应付款

2025年3月31日，新村经济合作社对应付款项进行清查，发现甲公司因经营困难已经注销，合作社应付该公司原材料款20 000元已经无法继续支付。经批准后，转为其他收入。会计分录为：

借：应付款——甲公司　　　　　　　　　　　　　　　　　　20 000
　　贷：其他收入——无法偿付款项　　　　　　　　　　　　　　　20 000

【工作实例8-13】减少部分长期借款及应付款

2025年3月31日，新村经济合作社进行负债清查，发现有一笔长期借款及应付款贷方余额38 000元一直挂在账上，经调查得知，为应付南方建筑工程公司节水灌溉工程款，因工程整改尚未完成，工程未能通过验收结算。经双方协商，南方建筑工程公司同意以22 000元进行结算。按规定程序审批后，合作社同意减少该债务的实际支付。会计分录为：

长期借款及应付款减少额=38 000-22 000=16 000（元）

借：长期借款及应付款——南方建筑工程公司　　　　　　　　16 000
　　贷：其他收入——债务豁免收入　　　　　　　　　　　　　　　16 000

项目实施

针对"项目导入"中的经济业务，相关账务处理程序如下：

第一步：货币资金清查核算。

(1) 业务流程：库存现金盘点，记录溢余或短缺。

(2) 会计分录为：

①库存现金溢余：

借：库存现金　　　　　　　　　　　　　　　　　　　　　　　200
　　贷：待处理财产损溢——待处理流动资产损溢　　　　　　　　　200

②审批后：

借：待处理财产损溢——待处理流动资产损溢　　　　　　　　　200
　　贷：其他收入　　　　　　　　　　　　　　　　　　　　　　　200

第二步：实物资产清查核算。

（1）业务流程：

① 库存物资盘点，记录盘盈。

② 固定资产盘点，记录盘亏。

（2）会计分录为：

① 库存物资盘盈

审批前：

借：库存物资——种子 5 000

 贷：待处理财产损溢——待处理流动资产损溢 5 000

审批后：

借：待处理财产损溢——待处理流动资产损溢 5 000

 贷：其他收入 5 000

② 固定资产盘亏

审批前：

借：待处理财产损溢——待处理非流动资产损溢 2 000

  累计折旧 2 500

 贷：固定资产——笔记本电脑 4 500

审批后：

借：其他支出——固定资产盘亏支出 2 000

 贷：待处理财产损溢——待处理非流动资产损溢 2 000

第三步：债权债务清查核算。

（1）业务流程：

① 确认无法收回的应收款。

② 确认无法支付的应付款。

（2）会计分录为：

① 确认坏账损失：

借：其他支出——坏账损失 1 500

 贷：应收款——陈某 1 500

② 确认无法支付的应付款：

借：应付款——胜利公司 25 000

 贷：其他收入——无法偿付款项 25 000

第四步：对外投资清查核算。

（1）业务流程：确认投资赎回损失。

（2）会计分录为：

借：银行存款 200 000

  投资收益——债券投资 50 000

 贷：短期投资——债券投资（丙公司） 250 000

育德润心

嘉禾县："36名"财务专家"入村"规范村账"

嘉禾县村级财务管理存在做账不规范、管理不民主、村集体"三资"家底不清等问题，导致村级信访频发。

为规范财务管理，夯实农村基层组织建设，嘉禾县出台了《嘉禾县关于开展村（社区居委会）财务清查工作实施方案》，从财政局、农业农村局、社会工作部、审计局及第三方机构中抽调36名财务和审计专家，组成6个清查小组对60个村（社区居委会）2020年8月至2024年7月期间的财务情况进行清查。

在清查过程中，重点核查村集体财务收支的合法性和合规性，确保账实相符；并深入检查村级工程项目的资金使用情况，防止虚报工程量、虚增造价等问题；针对村集体的债权债务情况逐一核对，明确资产和负债的真实性。

通过清查，村级财务管理的规范性显著提升，村民对集体经济的信任度增强。

资料来源：彭德雄，张悦敏，雷兴，等. 嘉禾县："36名"财务专家"入村"规范村账"[EB/OL]. [2024-11-25]. https://m.voc.com.cn/rmt/article/12320965.html.

德育要素：责任意识　法治观念

职业点拨：会计人员应具备严谨的职业态度和扎实的专业技能，强化责任意识与廉洁自律精神，通过规范的财务管理和精确的财产清查，保障村集体资产的透明与安全，赢得村民信任，为农村集体经济的可持续发展贡献力量。

项目测试

项目测试8-1

在线答题

项目测试8-2

拓展练习

一、单选题

1.农村集体经济组织财产清查的范围不包括（　　）。

A.货币资金　　　　　　　　　　B.实物资产

C.债权债务　　　　　　　　　　D.成员个人财产

2.现金溢余查明原因前应贷记（　　）科目。

A."其他收入"　　　　　　　　　B."待处理财产损溢"

C."库存现金"　　　　　　　　　D."公积公益金"

3.下列不属于未达账项的是（　　）。

A.企业已收银行未收　　　　　　B.企业已付银行未付

C.银行已收企业未收　　　　　　D.记账错误造成的差异

4.流动性实物资产盘盈，审批后应贷记（　　）科目。

A."经营收入"　　　　　　　　　B."其他收入"

C."公积公益金"　　　　　　　　D."投资收益"

5.对于确实无法收回的应收款项确认为坏账损失应借记（　　）科目。

A."经营支出"　　　　　　　　　B."管理费用"

C."资产减值损失"　　　　　　　D."其他支出"

二、多选题

1.财产清查的内容包括（　　）。

A.货币资金　　　　　　　　　　B.实物资产

C.应收款项　　　　　　　　　　D.对外投资

2.关于现金短缺的处理，正确的有（　　）。

A.先计入待处理财产损溢　　　　B.全部计入其他支出

C.需扣除责任人赔偿　　　　　　D.最终可能计入其他支出

3.财产清查的时间可以是（　　）。

A.年末　　　　　　　　　　　　B.季末

C.临时需要时　　　　　　　　　D.任意时间

4.非流动性实物资产包括（　　）。

A.生产性生物资产　　　　　　　B.在建工程

C.库存物资　　　　　　　　　　D.公益性生物资产

5.可能涉及"其他收入"科目的负债清理业务有（　　）。

A.应付账款豁免　　　　　　　　B.长期借款豁免

C.支付应付利息　　　　　　　　D.偿还短期借款

三、判断题

1.财产清查只需要清查实物资产。　　　　　　　　　　　　　　（　　）

2.现金短缺的赔偿款应冲减"其他支出"。　　　　　　　　　　（　　）

3.企业已开出但银行未兑付的支票属于企业已付银行未付的未达账项。（　　）

4.无形资产盘盈按评估价入账时需扣除累计摊销。　　　　　　　（　　）

5.每年至少要对固定资产进行一次全面清查。　　　　　　　　　（　　）

四、业务题

1.某农村集体经济组织2025年2月进行财产清查：

（1）发现库存现金盘盈200元，原因不明；

（2）经查，其中150元为少付给成员的劳务费，50元无法查明原因；

（3）发现库存现金短缺300元；

（4）经核实，其中200元为出纳工作失误造成，由其赔偿，100元为正常损耗。

要求：根据以上内容编制相关会计分录（假设均已审批）。

2.某农村集体经济组织2025年3月财产清查发现：

（1）库存物资盘盈：种子市场价5 000元；

（2）固定资产盘亏：原值30 000元，已提折旧18 000元，保险公司赔偿8 000元；

（3）确认无法收回的应收款2 000元；

（4）无形资产盘盈：评估价20 000元。

要求：根据以上内容编制相关会计分录（假设均已审批）。

项目评价

本项目评价见表8-9。

表8-9　　　　　　　　　　项目评价表

项目名称		财产清查的核算		
评价要点		学生自评 (50%)	教师评价 (50%)	评分标准说明
知识掌握 (30分)	掌握财产清查的范围及时间 (10分)			• 优秀 (9~10分)：全面掌握知识，技能熟练，素养突出，能独立解决复杂问题 • 良好 (7~8分)：知识较扎实，技能达标，素养良好，需在部分领域提升 • 合格 (5~6分)：基本达到要求，但存在知识漏洞或技能不足，需要有针对性改进 • 待提高 (5分以下)：核心知识/技能缺失，需要系统化补足基础
	掌握各项资产清查的方法 (10分)			
	掌握负债清查的方法 (10分)			
技能应用 (40分)	能编制银行存款余额调节表 (10分)			
	能完成货币资金清查、实物资产清查的账务处理 (10分)			
	能完成应收及暂付款项清查、对外投资清查、其他资产清查的账务处理 (10分)			
	能完成负债清查的账务处理 (10分)			
素质养成 (30分)	具有规范管理意识、财务透明理念 (10分)			
	具有服务村民的担当精神 (10分)			
	具有终身学习理念 (10分)			
综合评价成绩 (100分)				

学生自评：

学生签字：

教师评语：

教师签字：

项目九 财务报表的编制

知识目标

1. 掌握资产负债表、收益及收益分配表的结构与编制规则。
2. 理解会计报表附注的披露内容及核心项目勾稽关系。
3. 熟悉农村集体经济组织财务会计报告的编制依据及政策衔接要点。

技能目标

1. 能规范编制资产负债表、收益及收益分配表并验证勾稽关系。
2. 能处理特殊业务（资产损失核销、债务豁免）对报表的影响。
3. 能编写符合制度要求的会计报表附注及政策说明。

素养目标

1. 强化财务数据真实透明的职业操守，杜绝虚假披露行为。
2. 树立集体经济发展的大局观，服务乡村振兴战略。
3. 培养依法依规披露的法治意识，保障成员知情权与监督权。

【知识导图】

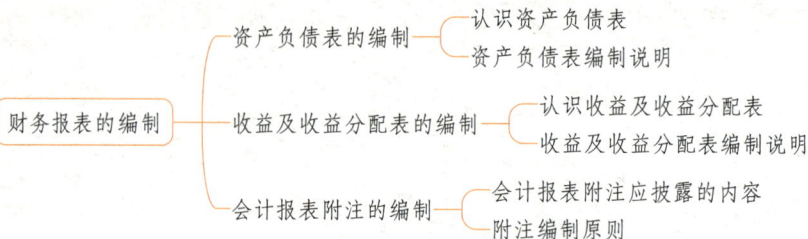

【项目导入】

某村合作社2024年度发生以下业务：

（1）收到政府专项补助50万元用于修建村内道路，已存入银行。

（2）向村民借款20万元（期限1年），用于购买农机设备。

（3）销售自产农产品收入80万元，其中60万元已收款，20万元暂未收回。

（4）计提固定资产折旧8万元，公益性生物资产摊销2万元。

（5）因洪灾导致库存物资损失5万元，经成员大会批准核销。

思考：

（1）假设固定资产净值期初余额为100万元，专项应付款期初余额为0，如何计算年末"固定资产净值"和"专项应付款"项目？

（2）政府补助是否计入经营收益？库存物资损失应如何反映在收益及收益分配表中？

（3）债务豁免10万元（假设原挂账"应付款项"）对资产负债表和收益及收益分配表的影响是什么？

（4）若资产负债表"资产总计"为380万元，但"负债+所有者权益"为375万元，可能遗漏哪些项目？

（5）针对洪灾损失和专项补助，附注中需披露哪些内容？

任务一 资产负债表的编制

农村集体经济组织财务会计报告是对其财务状况、经营成果等的结构性表述，包括会计报表和会计报表附注。其中，会计报表包括资产负债表、收益及收益分配表。

一、认识资产负债表

（1）概念：资产负债表，是指反映农村集体经济组织在某一特定日期财务状况的静态报表。

（2）理论依据：会计等式"资产=负债+所有者权益"。

（3）编制时间：某一特定日期（月末、季末、年末）。

（4）结构：账户式结构。

知识精讲9-1

资产负债表的编制

（5）内容与格式：新制度规定的资产负债表的内容与格式见表9-1。

表9-1   资产负债表（样表）   村会01表

编制单位：   年   月   日   单位：元

资产	期末余额	年初余额	负债和所有者权益	期末余额	年初余额
流动资产：			流动负债：		
货币资金			短期借款		
短期投资			应付款项		
应收款项			应付工资		
存货			应付劳务费		
消耗性生物资产			应交税费		
流动资产合计			流动负债合计		
非流动资产：			非流动负债：		
长期投资			长期借款及应付款		
生产性生物资产原值			一事一议资金		
减：生产性生物资产累计折旧			专项应付款		
生产性生物资产净值			非流动负债合计		
固定资产原值			负债合计		
减：累计折旧					
固定资产净值					
在建工程					
固定资产清理					
固定资产小计					
无形资产原值					
减：累计摊销			所有者权益：		
无形资产净值			资本		
公益性生物资产			公积公益金		
长期待摊费用			未分配收益		
非流动资产合计			所有者权益合计		
资产总计			负债和所有者权益总计		

二、资产负债表编制说明

根据《农村集体经济组织会计制度》（财会〔2023〕14号）要求，资产负债表各项目填列方法见表9-2。

表9-2　　　　　　　　　　　　　资产负债表编制说明

项目分类	报表项目	填列方法
一、年初余额	所有项目	根据上年末资产负债表"期末余额"栏调整填列
二、期末余额		
（一）资产类		
1.流动资产	货币资金	"库存现金"+"银行存款"科目期末余额合计
	短期投资	"短期投资"科目期末余额
	应收款项	"应收款"科目借方余额+"内部往来"各明细科目借方余额合计
	存货	"库存物资"+"生产（劳务）成本"科目期末余额合计
	消耗性生物资产	"消耗性生物资产"科目期末余额
	流动资产合计	本栏前五项金额之和
2.非流动资产	长期投资	"长期投资"科目期末余额
	生产性生物资产原值	"生产性生物资产"科目期末余额
	生产性生物资产累计折旧	"生产性生物资产累计折旧"科目期末余额
	生产性生物资产净值	原值项目−生产性生物资产累计折旧项目
	固定资产原值	"固定资产"科目期末余额
	累计折旧	"累计折旧"科目期末余额
	固定资产净值	原值项目−累计折旧项目
	在建工程	"在建工程"科目期末余额
	固定资产清理	"固定资产清理"科目期末借方余额（贷方余额以"−"号填列）
	固定资产小计	固定资产净值+在建工程+固定资产清理金额合计
	无形资产原值	"无形资产"科目期末余额
	累计摊销	"累计摊销"科目期末余额
	无形资产净值	原值项目−累计摊销项目

续表

项目分类	报表项目	填列方法
2.非流动资产	公益性生物资产	"公益性生物资产"科目期末余额
	长期待摊费用	"长期待摊费用"科目期末余额
	非流动资产合计	长期投资+生产性生物资产净值+固定资产小计+无形资产净值+公益性生物资产+长期待摊费用
	资产总计	流动资产合计+非流动资产合计
（二）负债类		
1.流动负债	短期借款	"短期借款"科目期末余额
	应付款项	"应付款"科目贷方余额+"内部往来"各明细科目贷方余额合计
	应付工资	"应付工资"科目期末余额
	应付劳务费	"应付劳务费"科目期末余额
	应交税费	"应交税费"科目贷方余额（借方余额以"–"号填列）
	流动负债合计	本栏前五项金额之和
2.非流动负债	长期借款及应付款	"长期借款及应付款"科目期末余额
	一事一议资金	"一事一议资金"科目贷方余额（借方余额以"–"号填列）
	专项应付款	"专项应付款"科目期末余额
	非流动负债合计	本栏前三项金额之和
	负债合计	流动负债合计+非流动负债合计
（三）所有者权益类		
	资本	"资本"科目期末余额
	公积公益金	"公积公益金"科目期末余额
	未分配收益	"收益分配"科目期末余额（未弥补亏损以"–"号填列）
	所有者权益合计	本栏前三项金额之和
	负债和所有者权益总计	负债合计+所有者权益合计

特别提示 9–1

（1）勾稽关系验证：资产总计必须等于负债和所有者权益总计，否则需重新核查数据。

（2）特殊处理规则：

①固定资产清理、应交税费等项目需关注借贷方向差异。

②涉及"内部往来"科目时需区分借贷方余额。

（3）政策衔接：2023年新增"消耗性生物资产"需单独列示，与存货并列。

【工作实例9-1】新村经济合作社2024年共发生以下业务，根据业务编制资产负债表，期初数见表9-3（以下账务处理暂不考虑税费）

业务1：年初结转资本金余额5 000 000元，公积公益金800 000元，未分配收益200 000元。

业务2：收到政府专项补助，用于农田水利建设，金额1 000 000元。会计分录为：

借：银行存款　　　　　　　　　　　　　　　　　　1 000 000

　　贷：专项应付款　　　　　　　　　　　　　　　　　　1 000 000

业务3：向农商行借款500 000元，期限6个月。会计分录为：

借：银行存款　　　　　　　　　　　　　　　　　　500 000

　　贷：短期借款　　　　　　　　　　　　　　　　　　500 000

业务4：购入化肥、种子等库存物资300 000元，银行存款支付。会计分录为：

借：库存物资　　　　　　　　　　　　　　　　　　300 000

　　贷：银行存款　　　　　　　　　　　　　　　　　　300 000

业务5：购入幼畜20头，成本共80 000元，银行存款支付。会计分录为：

借：消耗性生物资产　　　　　　　　　　　　　　　　80 000

　　贷：银行存款　　　　　　　　　　　　　　　　　　80 000

业务6：购置收割机1台，含税价150 000元，银行存款支付。会计分录为：

借：固定资产　　　　　　　　　　　　　　　　　　150 000

　　贷：银行存款　　　　　　　　　　　　　　　　　　150 000

业务7：销售水稻收入500 000元，暂未收款。会计分录为：

借：应收款　　　　　　　　　　　　　　　　　　　500 000

　　贷：经营收入　　　　　　　　　　　　　　　　　　500 000

业务8：季节性用工劳务费60 000元，次月支付。会计分录为：

借：经营支出　　　　　　　　　　　　　　　　　　60 000

　　贷：应付劳务费　　　　　　　　　　　　　　　　　　60 000

业务9：村民筹集修路资金120 000元，存入银行存款。会计分录为：

借：银行存款　　　　　　　　　　　　　　　　　　120 000

　　贷：一事一议资金　　　　　　　　　　　　　　　　　120 000

业务10：果树林木计提折旧30 000元。会计分录为：

借：经营支出　　　　　　　　　　　　　　　　　　30 000

　　贷：生产性生物资产累计折旧　　　　　　　　　　　　30 000

业务11：参股乡镇加工厂，投资200 000元。会计分录为：

借：长期投资 200 000
　贷：银行存款 200 000

业务12：计提管理人员工资80 000元，次月发放。会计分录为：

借：管理费用 80 000
　贷：应付工资 80 000

业务13：库存饲料霉变损失20 000元，经过决议，转入其他支出。会计分录为：

借：待处理财产损溢 20 000
　贷：库存物资 20 000
借：其他支出 20 000
　贷：待处理财产损溢 20 000

业务14：报废旧拖拉机，原值50 000元，已提折旧45 000元。会计分录为：

借：固定资产清理 5 000
　累计折旧 45 000
　贷：固定资产 50 000
借：其他支出 5 000
　贷：固定资产清理 5 000

业务15：计提并缴纳印花税30 000元。会计分录为：

借：税金及附加 30 000
　贷：应交税费 30 000
借：应交税费 30 000
　贷：银行存款 30 000

业务16：与村民小组结算代垫电费40 000元。会计分录为：

借：内部往来 40 000
　贷：银行存款 40 000

业务17：经济林评估增值50 000元。会计分录为：

借：生产性生物资产 50 000
　贷：公积公益金 50 000

业务18：获得历史遗留债务减免30 000元。会计分录为：

借：应付款 30 000
　贷：其他收入 30 000

业务19：公积公益金提取，从本年收益提取公积公益金100 000元。会计分录为：

借：收益分配 100 000
　贷：公积公益金 100 000

业务20：年末将本年收益205 000元转入未分配收益。会计分录为：

借：本年收益 205 000
　贷：收益分配 205 000

（1）根据以上内容编制科目余额表（见表9-3）。

表9-3 科目余额表

2024年12月31日 单位：万元

科目名称	期初余额	本期借方发生额	本期贷方发生额	期末余额
资产类				
银行存款	150	100+50+12=162	30+8+15+20+3+4=80	232
应收款	120	50	0	170
内部往来	0	4	0	4
库存物资	180	30	2	208
消耗性生物资产	50	8	0	58
生产性生物资产原值	50	5（评估增值）	0	55
减：生产性生物资产累计折旧	3	0	3（折旧）	6
固定资产原值	200	15（收割机）	5（报废）	210
减：累计折旧	20	4.5（报废转出）	0	15.5
长期投资	0	20	0	20
负债及权益类				
专项应付款	50	0	100（补助）	150
短期借款	30	0	50（农商行）	80
应付工资	6	0	8（管理人员）	14
应付劳务费	10	0	6（季节性用工）	16
应付款	31	3（债务减免）	0	28
一事一议资金	0	0	12（修路）	12
资本	500	0	0	500
公积公益金	80	0	10（提取）+5（评估增值）=15	95
收益分配	20	0	20.5（本年收益）	40.5

（2）根据表9-3编制资产负债表，见表9-4。

表9-4　　　　　　　　　　　　　　　　　　资产负债表　　　　　　　　　　　　　村会01表

编制单位：新村经济合作社　　　　　　　　2024年12月31日　　　　　　　　　单位：万元

资产	期末余额	年初余额	负债和所有者权益	期末余额	年初余额
流动资产：			流动负债：		
货币资金	232	150	短期借款	80	30
短期投资	0	0	应付款项	28	31
应收款项	174	120	应付工资	14	6
存货	208	180	应付劳务费	16	10
消耗性生物资产	58	50	应交税费	0	0
流动资产合计	672	500	流动负债合计	138	77
非流动资产：			非流动负债：		
长期投资	20	0	长期借款及应付款		
生产性生物资产原值	55	50	一事一议资金	12	0
减：生产性生物资产累计折旧	6	3	专项应付款	150	50
生产性生物资产净值	49	47	非流动负债合计	162	50
固定资产原值	210	200	负债合计	300	127
减：累计折旧	15.5	20			
固定资产净值	194.5	180			
在建工程	0	0			
固定资产清理	0	0			
固定资产小计	194.5	180			
无形资产原值	0	0			
减：累计摊销	0	0	所有者权益：		
无形资产净值	0	0	资本	500	500
公益性生物资产	0	0	公积公益金	95	80
长期待摊费用	0	0	未分配收益	40.5	20
非流动资产合计	263.5	227	所有者权益合计	635.5	600
资产总计	935.5	727	负债和所有者权益总计	935.5	727

任务二 收益及收益分配表的编制

知识精讲9-2

收益及收益
分配表的编制

一、认识收益及收益分配表

（1）概念：收益及收益分配表，是用来反映农村集体经济组织在一定会计期间内收益实现及其分配情况的报表。

（2）理论依据：收入－费用=收益。

（3）结构：多步式结构。

（4）内容与格式：收益及收益分配表由本年收益（收益形成过程）和收益分配（收益去向）两大部分组成，《农村集体经济组织会计制度》规定的收益及收益分配表的内容与格式见表9-5。

表9-5　　　　　　　　　　收益及收益分配表（样表）　　　　　　　　　村会02表

编制单位：　　　　　　　　　　　　　××年度　　　　　　　　　　　　　单位：元

项目	本年金额	上年金额
一、经营收入		
加：投资收益		
补助收入		
减：经营支出		
税金及附加		
管理费用		
其中：运转支出		
二、经营收益		
加：其他收入		
减：公益支出		
其他支出		
三、收益总额		
减：所得税费用		
四、净收益		
加：年初未分配收益		
其他转入		
五、可分配收益		
减：提取公积公益金		
向成员分配		
其他		
六、年末未分配收益		

（5）本年收益的核心项目为：经营收入、经营收益和收益总额。

收益分配的核心项目为：净收益、可分配收益、年末未分配收益。

以上核心项目之间存在以下计算关系：

经营收益=经营收入+投资收益+补助收入−经营支出−税金及附加−管理费用

收益总额=经营收益+其他收入−公益支出−其他支出

净收益=收益总额−所得税费用

可分配收益=净收益+年初未分配收益+其他转入

年末未分配收益=可分配收益−提取公积公益金−向成员分配−其他分配

二、收益及收益分配表编制说明

收益及收益分配表编制说明见表9-6。

表9-6　　　　　　　　　　　收益及收益分配表编制说明

项目名称	填列方法
一、上年金额	根据上年度收益及收益分配表"本年金额"栏内各对应项目数字填列
二、本年金额	
1.经营收入	根据"经营收入"科目本期发生额分析填列
2.投资收益	根据"投资收益"科目本期发生额分析填列；如为投资损失，以"−"号填列
3.补助收入	根据"补助收入"科目本期发生额分析填列
4.经营支出	根据"经营支出"科目本期发生额分析填列
5.税金及附加	根据"税金及附加"科目本期发生额分析填列
6.管理费用	根据"管理费用"科目本期发生额分析填列。其中"运转支出"需根据相关明细科目填列（如村干部补助、村两委办公经费等）
7.经营收益	按公式计算：经营收益=经营收入+投资收益+补助收入−经营支出−税金及附加−管理费用；如为亏损，以"−"号填列
8.其他收入	根据"其他收入"科目本期发生额分析填列
9.公益支出	根据"公益支出"科目本期发生额分析填列，包括公益事业、集体福利支出及公益性固定资产折旧等
10.其他支出	根据"其他支出"科目本期发生额分析填列
11.收益总额	按公式计算：收益总额=经营收益+其他收入−公益支出−其他支出；如为亏损总额，以"−"号填列
12.所得税费用	根据"所得税费用"科目本期发生额分析填列
13.净收益	按公式计算：净收益=收益总额−所得税费用；如为净亏损，以"−"号填列

续表

项目名称	填列方法
14.年初未分配收益	根据上年度收益及收益分配表"年末未分配收益"项目金额填列;如为未弥补亏损,以"-"号填列
15.其他转入	根据实际转入的公积公益金数额填列(如用于弥补亏损)
16.可分配收益	按公式计算:可分配收益=净收益+年初未分配收益+其他转入;如为负数,以"-"号填列
17.提取公积公益金	根据实际提取的公积公益金数额填列(一般不超过可分配收益的40%)
18.向成员分配	根据"收益分配"科目下相关明细科目借方发生额分析填列
19.年末未分配收益	按公式计算:年末未分配收益=可分配收益-提取公积公益金-向成员分配-其他分配;如为未弥补亏损,以"-"号填列

【工作实例9-2】编制收益及收益分配表

接【工作实例9-1】,以此为基础填写收益及收益分配表,见表9-7。

表9-7 　　　　　　　　　　　收益及收益分配表　　　　　　　　　　村会02表

编制单位:新村经济合作社　　　　　　2024年度　　　　　　　　　　单位:元

项目	行次	本年金额	计算依据及说明
一、本年收益			
经营收入	1	500 000	销售水稻收入(业务7)
加:投资收益	2	0	业务11未实现投资收益
补助收入	3	0	专门用途的政府专项补助计入"专项应付款"(业务2)
减:经营支出	4	90 000	季节性用工劳务费60 000元(业务8)+果树林木折旧30 000元(业务10)
税金及附加	5	30 000	缴纳印花税(业务15)
管理费用	6	80 000	管理人员工资(业务12)
经营收益	7	300 000	公式:500 000-90 000-30 000-80 000=300 000
加:其他收入	8	30 000	减免历史遗留债务(业务18)
减:公益支出	9	0	无相关业务发生
其他支出	10	25 000	库存物资霉变损失20 000元(业务13)+固定资产清理损失5 000元(业务14)
收益总额	11	305 000	公式:300 000+30 000-25 000=305 000
减:所得税费用	12	0	此处不考虑所得税费用

续表

项目	行次	本年金额	计算依据及说明
净收益	13	305 000	
二、收益分配			
加：年初未分配收益	14	200 000	期初未分配收益（业务1）
其他转入	15	0	无相关业务发生
可分配收益	16	505 000	公式：305 000 + 200 000 = 505 000
减：提取公积公益金	17	100 000	从收益分配提取（业务19）
向成员分配	18	0	未进行成员分配
其他	19	0	无其他分配项目
年末未分配收益	20	405 000	公式：505 000−100 000=405 000（留存收益）

特别提示9-2

根据《农村集体经济组织新旧会计制度有关衔接问题的处理规定》（财会〔2023〕20号），收益及收益分配表不要求填列上年比较数。

任务三　会计报表附注的编制

知识精讲9-3

会计报表附注的编制

会计报表附注是农村集体经济组织财务报告的重要组成部分，用于对资产负债表、收益及收益分配表等主表中的数据提供补充说明，包括对表内项目的细化解释、表外事项的披露以及会计政策的说明。

一、会计报表附注应披露的内容

农村集体经济组织需按以下顺序披露附注内容：

1.遵循会计制度的声明

明确声明财务报表的编制符合《农村集体经济组织会计制度》要求，并说明遵循的具体条款。

2.组织基本情况

核心信息：资本总额、成员人数及构成（如农民、非农民比例）、主要经营项目（如农业种植、资产租赁）。

特殊说明：若由村民委员会代行职能，需单独标注。

3.成员权益结构

资本形成：初始资本、历年增资、成员出资比例等。

收益权分配：成员享有的经营性财产收益份额及变动情况（如某成员因土地入股占比提高5%）。

4.重要项目说明

细化披露：对主表中的关键项目（如"长期投资""公积公益金"）列明构成、增减原因。例如，长期投资200 000元用于参股乡镇加工厂，附注需说明投资目的及预期收益。

5.已发生损失但未核销资产损失

（1）无法收回的应收款项（如坏账30 000元）。

（2）毁损的固定资产（如报废旧拖拉机损失5 000元）。

6.名义金额计量的资产

适用场景：无法可靠计量的捐赠资产（如政府无偿划拨土地），需说明计量理由及处置情况（如以1元名义金额入账）。

7.纳税调整说明

差异对比：主表数据与企业所得税法规定的差异（如公益性捐赠超税前扣除比例部分），需列明调整金额及依据。

8.其他重要事项

法定披露：

（1）国家财政支持（如政府专项补助1 000 000元用于农田水利建设）；

（2）收益分配方案（如提取公积公益金100 000元、暂未向成员分红）；

（3）扶贫项目资产管理（如用扶贫资金购置的收割机需单独登记备查）。

【工作实例9-3】资本形成说明

接【工作实例9-1】，本组织资本金5 000 000元，其中成员土地入股占比60%，历年公积公益金积累占比40%。

【工作实例9-4】公益支出明细

2024年公益支出150 000元，其中：修建村内道路100 000元，敬老院补贴50 000元。

【工作实例9-5】特殊处理

资产损失核销程序：霉变饲料损失20 000元需附注说明"已通过成员大会决议，待上级部门批准后核销"。

二、附注编制原则

（1）完整性：确保主表与附注数据勾稽一致，避免遗漏关键信息。

（2）可读性：用通俗语言解释专业术语（如"内部往来"需说明是代垫电费等临时资金周转）。

（3）合规性：严格遵循《农村集体经济组织会计制度》及国家相关法规。

项目实施

针对"项目导入"中的经济业务，相关账务处理程序如下：

第一步：资产负债表编制。

固定资产净值=固定资产原值-累计折旧

假设固定资产原值 100 万元，累计折旧 8 万元。

固定资产净值=100-8=92（万元）

专项应付款：政府专项补助 50 万元直接记入"专项应付款"科目，年末余额为 50 万元。

第二步：收益及收益分配表的处理。

（1）政府专项补助：专项用途补助不计入经营收益，应作为"专项应付款"在负债列示。

（2）库存物资损失：

核销时：

借：待处理财产损溢　　　　　　　　　　　　　　　　　　　　　　　50 000

　　贷：库存物资　　　　　　　　　　　　　　　　　　　　　　　　　　　50 000

转入其他支出：

借：其他支出　　　　　　　　　　　　　　　　　　　　　　　　　　50 000

　　贷：待处理财产损溢　　　　　　　　　　　　　　　　　　　　　　　　50 000

最终在收益及收益分配表"其他支出"项目列示 5 万元，减少收益总额。

第三步：特殊业务调整。

债务豁免通过"其他收入"核算。

借：应付款　　　　　　　　　　　　　　　　　　　　　　　　　　100 000

　　贷：其他收入　　　　　　　　　　　　　　　　　　　　　　　　　　100 000

资产负债表"应付款项"减少 10 万元 → 负债合计减少 10 万元；所有者权益中"其他收入"增加 10 万元 → 所有者权益增加 10 万元。

收益及收益分配表"其他收入"增加 10 万元 → 收益总额增加 10 万元。

第四步：勾稽关系验证。

差异 5 万元可能来自以下错误：

（1）内部往来未重分类：如"内部往来"借方余额 5 万元未计入"应收款项"，会导致资产少计。

（2）固定资产清理方向错误：贷方余额未以"-"号填列，虚增资产。

（3）未分配收益未结转："收益分配"科目未转入所有者权益。

验证步骤：

（1）检查"内部往来"科目是否区分借贷方余额。

（2）核对固定资产清理、应交税费等项目的正负号。

（3）确认"收益分配"是否结转至"未分配收益"。

第五步：附注披露要点。

需要披露的内容：

（1）洪灾损失：

损失金额5万元及核销程序：经成员大会批准。

对当期收益的影响：减少收益总额5万元。

（2）专项补助：

资金来源及用途：政府专项补助50万元用于道路建设。

资金使用进度：如已支付工程款30万元。

示例附注条目：

"2024年因洪灾导致库存物资损失5万元，已履行成员大会决议程序，待上级部门审批后核销。政府专项补助50万元用于村内道路硬化工程，截至年末已支付承包商30万元。"

育德润心

安徽省黄山市歙县深渡镇绵潭村"数字财务+生态产业"双驱模式

2024年3月，安徽省黄山市绵潭村通过省级农村集体资产监管平台发布年度财务报告，成为全省首个实现"全链条数字化财务公开"的示范村。绵潭村财务报告亮点有：

（1）数字化穿透式披露：通过"皖农经管"平台，村民可实时查看每笔收支的电子票据、合同扫描件及资金流向图。例如，枇杷冷链仓库建设支出80万元，附注中列明承包商资质、验收报告及村民代表签字记录。

（2）生态资产专项核算：将新安江流域生态保护林（500亩）作为"资源性资产"入账，按《生态保护补偿条例》确认年度补偿收益，并在附注中披露生态保护成本与效益对比数据。

（3）收益分配三重机制：普惠分配，60岁以上村民额外享受10%分红（从生态补偿资金列支）；发展基金，提取30%收益投入"智慧农业实验室"建设；风险准备金，按光伏发电收入的5%计提自然灾害应对资金。

资料来源：根据安徽省农业农村厅发布的《2024年农村集体资产监管创新案例集》整理编写。

德育要素：公开透明　生态优先　以民为本

职业点拨：会计人员应积极践行"两山"理念，以数字技术强化财务监督的"精度"，以生态思维拓展资产核算的"广度"，以民生导向提升收益分配的"温度"，在算好"经济账"的同时扛起"生态账"和"民心账"。

项目测试9-1
在线答题
项目测试9-2
拓展练习

项目测试

一、单选题

1.资产负债表反映的是农村集体经济组织的（　　）。

A.一定期间的经营成果　　　　B.某一特定日期的财务状况

C.现金流入流出情况　　　　　D.收益分配情况

2.收益及收益分配表反映的是农村集体经济组织的（　　）。

A.某一特定日期的财务状况　　　　　B.一定会计期间的收益实现及分配情况

C.现金流入流出情况　　　　　　　　D.资产负债变动情况

3.计算经营收益时不需要扣除的项目是（　　　）。

A.经营支出　　　　　　　　　　　　B.税金及附加

C.管理费用　　　　　　　　　　　　D.公益支出

4.会计报表附注的主要作用是（　　　）。

A.替代主表数据　　　　　　　　　　B.简化财务报告

C.减少审计工作量　　　　　　　　　D.增强信息透明度和可靠性

5.名义金额计量的资产通常适用于（　　　）。

A.高价值固定资产　　　　　　　　　B.无法可靠计量的捐赠资产

C.经营性存货　　　　　　　　　　　D.对外投资

二、多选题

1.财务会计报告包括（　　　）。

A.会计报表　　　　　　　　　　　　B.会计报表附注

C.审计报告　　　　　　　　　　　　D.预算方案

2.资产负债表的主要作用有（　　　）。

A.反映资产状况　　　　　　　　　　B.显示负债结构

C.计算经营收益　　　　　　　　　　D.展示所有者权益

3.收益及收益分配表的核心项目包括（　　　）。

A.经营收益　　　　　　　　　　　　B.收益总额

C.资产负债率　　　　　　　　　　　D.年末未分配收益

4.会计报表附注中"重要项目说明"通常包括（　　　）。

A.长期投资的构成及目的　　　　　　B.公积公益金的增减原因

C.所有员工的工资明细　　　　　　　D.关键资产负债项目的明细

5.关于成员权益结构的披露要求包括（　　　）。

A.初始资本形成情况　　　　　　　　B.每个成员的个人信息

C.收益权分配机制　　　　　　　　　D.历年增资情况

三、判断题

1.资产负债表的"未分配收益"项目属于所有者权益。　　　　　　（　　　）

2."内部往来"科目的借贷方余额可以相互抵销后列报。　　　　　（　　　）

3.收益及收益分配表采用单步式结构编制。　　　　　　　　　　（　　　）

4.补助收入应计入经营收益的计算。　　　　　　　　　　　　　（　　　）

5.纳税调整说明只需列明调整金额，无须说明依据。　　　　　　（　　　）

项目评价

本项目评价见表9-8。

表9-8　　　　　　　　　　　　　　　　项目评价表

项目名称		财务报表的编制		
评价要点		学生自评（50%）	教师评价（50%）	评分标准说明
知识掌握（30分）	掌握财务会计报告的结构（10分）			• 优秀（9~10分）：全面掌握知识，技能熟练，素养突出，能独立解决复杂问题 • 良好（7~8分）：知识较扎实，技能达标，素养良好，需在部分领域提升 •合格（5~6分）：基本达到要求，但存在知识漏洞或技能不足，需要有针对性改进 •待提高（5分以下）：核心知识/技能缺失，需要系统化补足基础
知识掌握（30分）	理解会计准则对财务报表的编制要求（10分）			
知识掌握（30分）	掌握核心报表项目的计算逻辑（10分）			
技能应用（40分）	能够独立完成资产负债表的编制（10分）			
技能应用（40分）	能够独立完成收益及收益分配表的编制（10分）			
技能应用（40分）	能处理特殊业务（资产损失核销、债务豁免）对报表的影响（10分）			
技能应用（40分）	能够填写会计报表附注内容（10分）			
素质养成（30分）	具有坚持数据真实透明的职业操守，无虚构或篡改报表数据行为（10分）			
素质养成（30分）	具有法治意识，保障成员知情权与监督权（10分）			
素质养成（30分）	具有服务集体经济发展的责任感，能与团队协作完成任务（10分）			
综合评价成绩（100分）				

学生自评：

学生签字：

教师评语：

教师签字：

主要参考文献

[1] 农业农村部政策与改革司. 农村集体经济组织会计制度教程［M］. 北京：中国财政经济出版社，2024.

[2] 姚杰章，戴琼. 农村集体经济组织会计制度操作实务［M］. 北京：中国财政经济出版社，2024.

[3] 朱玉峰. 农村集体经济组织会计制度操作实务［M］. 合肥：安徽科学技术出版社，2024.

[4] 姚杰章，戴琼.《农村集体经济组织财务制度》解读与应用［M］. 北京：中国财政经济出版社，2022.

[5] 姜龙，刘凯声，张洪波. 村集体经济组织会计　农村集体"三资"管理　农民专业合作社会计［M］. 北京：中国财政经济出版社，2021.

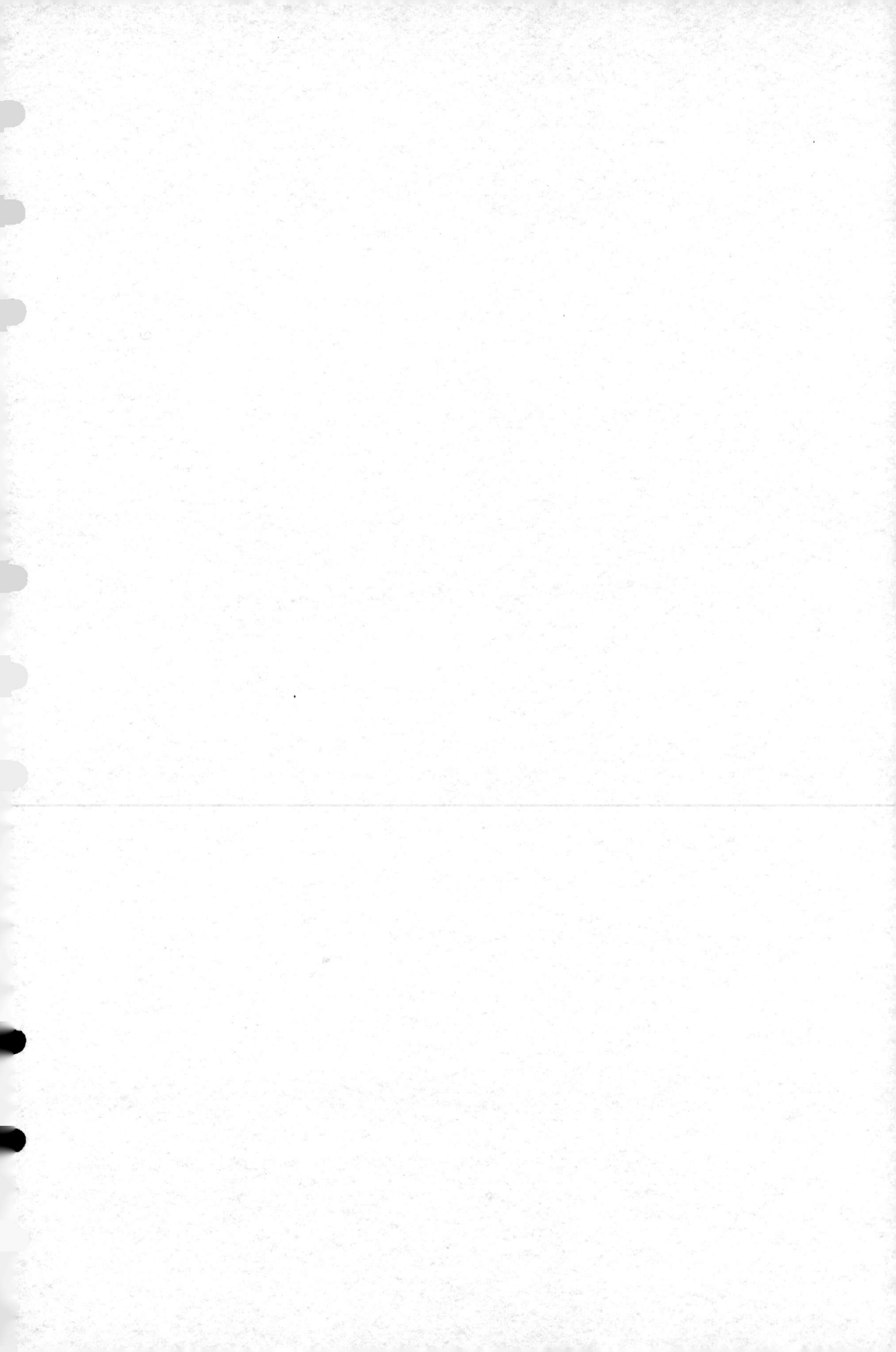